中医药文化与劳动技能学习手册

第一册（上）

主编 许艺元

中医古籍出版社
Publishing House of Ancient Chinese Medical Books

图书在版编目（CIP）数据

中医药文化与劳动技能学习手册. 第一册 上、下册 / 许艺元主编. -- 北京 : 中医古籍出版社, 2023.6
ISBN 978-7-5152-2693-4

Ⅰ. ①中… Ⅱ. ①许… Ⅲ. ①中国医药学—文化—小学—教学参考资料 Ⅳ. ①G624.93

中国国家版本馆CIP数据核字(2023)第103944号

中医药文化与劳动技能学习手册. 第一册（上、下册）

许艺元　主编

策划编辑　杨淑媛
责任编辑　李美玲
设　　计　孙　力
出版发行　中医古籍出版社
社　　址　北京市东城区东直门内南小街16号（100700）
电　　话　010-64089446（总编室）　010-64002949（发行部）
网　　址　www.zhongyiguji.com.cn
印　　刷　北京恒艺博缘印务有限公司
开　　本　787mm×1092mm　1/16
印　　张　18
字　　数　248千字
版　　次　2023年6月第1版　2023年6月第1次印刷
书　　号　ISBN 978-7-5152-2693-4
定　　价　138.00元（上、下册）

序

中医药学是中国传统文化中一颗璀璨的明珠，具有独特的理论体系和神奇的疗效。数千年来，它为中华民族的繁衍昌盛做出了不可磨灭的贡献。时至今日，中医药学在保障我国人民身体健康及防治疾病方面仍然发挥着无可替代的作用。

当前我国大力推进“健康中国”战略，“中医药文化进校园”就是其中一项重要的举措。让学生们从小接触、了解中医药知识，引导、培养他们热爱中医药文化，对提高学生乃至整个民族的身心健康、文化修养，提高民族自信心、自豪感，具有重大的意义。《中医药文化与劳动技能学习手册》的编辑出版是“中医药文化进校园”向前迈进的可喜的一步。

这套手册充分考虑了小学生的认知特点，采用直白通俗的语言，平易近人的语气，将中国医药史、中医药基础理论、常见中草药、常用养生方法等内容做了深入浅出的阐述，依次编排成“学习目标”“知识点摘要”“动手动脑”“我是小神农”“厨房里的小妙招”“食疗养生学一学”“家校共育”等部分，将枯燥的内容编写得鲜活生动，妙趣横生。本手册贴近生活，主题鲜明，不仅内容丰富，构思巧妙，而且编排缜密，图文并茂，引人入胜，既有利于学生阅读，又便于家长参与互动。

这套手册不仅惠及小学生，更惠及家庭，惠及社会。

北京中医药大学教授　王育杰

前言

中医药文化是我国优秀传统文化的重要组成部分，继承和弘扬中医药文化对于推动“健康中国”建设、文化强国战略都发挥着不可替代的作用。

中医药是中华民族的瑰宝，一株小草改变世界，一枚银针联通中西，一缕药香穿越古今。

本书将中医药文化课程与劳动课相结合，旨在将劳动课“上”出特色，让学生们近距离感受中医药文化，了解中医中药，加深对中草药的认知，感受中医药文化的博大精深，增强对传统文化的认同和归属感，激发对中华传统文化的热爱；同时让劳动教育落地生根，引导学生养成良好的劳动习惯，感受劳动之美，把劳动教育融入中医药文化系列课程中，使学生养成健康的生活习惯，引导学生不仅会“认”，而且会运用，运用穴位、运用药食同源食材等调理身体健康，真正做到让知识服务于生活。

许艺元

编写说明

中医药学是中华民族的瑰宝，凝聚着中华民族的博大智慧，为中华民族的健康和繁衍昌盛做出了不可磨灭的贡献，是我国文化软实力的重要组成部分。少年强则国强，培养中小学生的文化自信和综合能力，中医药是不可或缺的内容。

本手册针对小学生，力图将中医药知识的普及与基础教育课程有机衔接，重视实践应用与技能的培养，让中医药知识真正指导健康生活。让学生通过学习，不但有了“信中医、爱中医”的兴趣火种，也有了“用中医、爱生活”的健康生活习惯和良好的学习与实践思维方式。

本学期课程分为5个单元，共16节课，内容包含中医名家的故事、中医在身边、季节与养生、初识中草药、常用穴位知多少，每讲课程主要分为“基础知识”“动手动脑”“我是小神农”三个部分。课程精选趣味性、实践性、启发性强的中医药故事和知识点，使教学内容更加贴合小学生的认知水平。“基础知识”部分对应手册中的课程目标与知识点摘要；“动手动脑”部分，同学们在手册上共同完成答题思考，及时巩固课程内容；课程中特有的“我是小神农”环节，教同学们了解和辨识一味中药材，从炮制为饮片的形态特征，引申至其植物状态、适宜的生长环境到药材的制作过程特点，让同学们不但能了解对应的药材有什么作用，而且能了解它的“前世今生”。学习完成后在手册中进行对应练习。

学习手册中还特别设有“生活应用”与“家校共育”部分，引导同学们在生活中观察与实践，记录下学习收获，也可收集家长对于孩子学习表现的反馈。

希望通过学习和实践，把这些凝聚着东方文明的精华和中华优秀文化的精髓传递给学生们，使他们了解中医药知识，并从小树立起正确的文化价值观，养成健康的生活习惯。

手册与课程虽几经修改打磨，尽量广泛争取各方意见，不足之处难以避免，恳请各位老师、同学批评指正，以便未来修订提高。

许艺元

目录

中医名家的故事

中医在身边

季节与养生

初识中草药

常用穴位知多少

让我们一起走进
神秘的中医药文化世界

中医名家的故事

张仲景与李时珍

学习目标

了解我国古代中医名家的历史，以及他们擅(shàn)长的领域和代表作。

知识点摘要

张仲景，南阳涅(niè)阳县（今河南省邓州市穰(ráng)东镇张寨(zhài)村）人，东汉末年医学家，被后人尊称为“医圣”。张仲景广泛收集医方，写出了传世巨著《伤寒杂病论》。它确立的“辨证论治”原则，是中医临床的基本原则，是中医的灵魂所在 。

李时珍，字东璧，晚年自号濒(bīn)湖山人，湖北蕲(qí)州人，明代著名医药学家。李时珍收集药物标本，参考历代医药等方面书籍925种，记录上千万字札(zhá)记，弄清许多疑难问题，历经27个寒暑，三易其稿，终于完成了190多万字的巨著《本草纲目》。

动手动脑

在正确答案前的圆圈中打勾 ✓

1.张仲景是哪个朝代的人？

○ 东汉　○ 唐朝　○ 宋朝　○ 明朝

2.张仲景被后世称为什么？

○ 医仙　○ 医生　○ 医圣　○ 医师

3.张仲景给后世留下的著作是什么？

○《备急千金要方》　○《伤寒杂病论》　○《本草纲目》

在正确答案前的圆圈中打勾 ✓

4. 李时珍给后世留下的著作是什么？

○《备急千金要方》 ○《伤寒杂病论》 ○《本草纲目》

我是小神农

仔细观察，勾选出老师在本课中讲的药材。

○ 陈皮

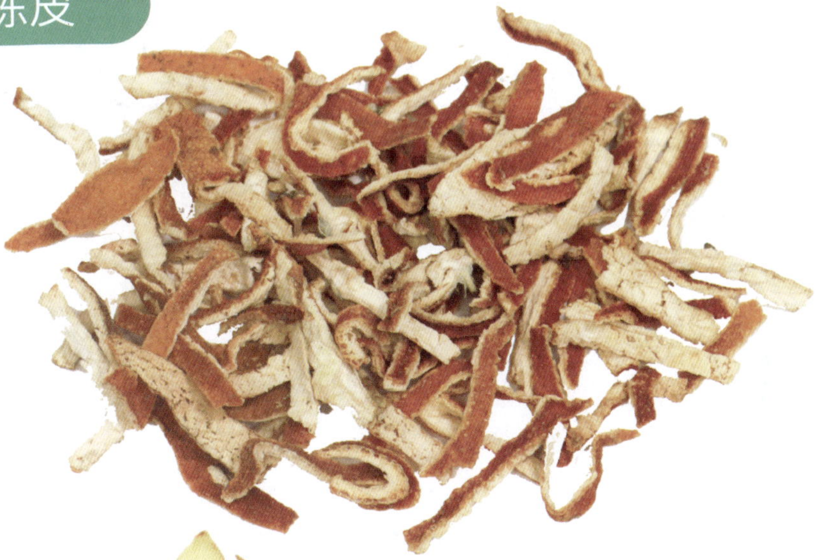

○ 百合

做一做

劳动技能

厨房里的小妙招

西芹百合

润肺止咳

材料

西芹200克，鲜百合150克，淀(diàn)粉适量。

调料

食用油20克，精盐1小匙，白糖1小匙。

做法

1.西芹择去筋，洗净，切成较薄的段。

2.百合去蒂洗净，掰成片。

3.锅内放油，烧热，下西芹炒至五成熟。

4.加百合、精盐、白糖，炒熟，勾薄芡(qiàn)即可。

银耳百合粥

润肺止咳、养阴清热、清心安神

材料

百合、银耳各10克，大米40克。

做法

1.银耳、百合分别泡水，发好，洗净。

2.大米淘洗干净后，加水煮粥。

3.将发好的银耳撕成小块，与百合一起放入粥中。继续熬煮，待银耳和百合都有些溶化时即可。

学习收获

____

____

成果展示

留个纪念吧

家长评语（孩子的表现可以打几星呢?）

☆☆☆☆☆

答案解析 ✓

1. 张仲景是哪个朝代的人？ 东汉✓

2. 张仲景被后世称为什么？ 医圣✓

3. 张仲景给后世留下的著作是什么？《伤寒杂病论》✓

张仲景(约150—219),名机,字仲景,南阳涅阳县(今河南省邓州市穰东镇张寨村)人。东汉末年著名医学家,被后人尊称为“医圣”。

张仲景广泛收集医方,写出了传世巨著《伤寒杂病论》。它确立的辨证论治原则,是中医临床的基本原则。在方剂学方面,《伤寒杂病论》也做出了巨大贡献,创造了很多剂型,记载了大量经临床证实非常有效的方剂。其所确立的六经辨证的治疗原则,受到历代医学家的推崇。这也是中国第一部从理论到实践、确立辨证论治法则的医学专著,是中国医学史上影响巨大的著作之一,也是后世中医学子必须研习的经典著作,受到医学生和临床中医医生的广泛重视。

4. 李时珍给后世留下的著作是什么？《本草纲目》✓

李时珍(1518—1593),字东璧,时人谓之李东璧，号濒湖,晚年自号濒湖山人,湖北蕲州(今湖北省黄冈市蕲春县蕲州镇)人,汉族,生于明武宗正德十三年(1518年),卒于神宗万历二十二年(1593年)，中国古代伟大的医学家、药物学家。李时珍曾参考历代有关医药书籍九百余种,结合自身经验和调查研究,历时二十七年编成《本草纲目》一书，此书是我国古代药物学的总结性巨著,在国内外均有很高的评价。

百合

百合为百合科植物卷丹、百合或细叶百合的干燥肉质鳞叶。秋季采挖，洗净，剥取鳞叶，置沸水中略烫，干燥。叶片干燥后，呈长椭(tuǒ)圆形。表面呈黄白色至淡棕黄色，或微带紫色。顶端稍尖，基部较宽，边缘薄，微波状，略向内卷曲。质硬而脆，断面较平坦，角质样。无臭，味微苦。

百合性寒，味甘，归心、肺经，具有养阴润肺、清心安神之功效，是补虚药中的补阴药。百合属药食同源类药材，既是药材，也是食物。清炒百合、百合酿肉、百合莲子汤，都十分美味，并且可以起到补阴的效果。

扁鹊与华佗

学习目标

了解我国古代中医名家的历史，以及他们擅长的领域和代表作。

知识点摘要

扁鹊，名秦越人，春秋战国时期著名的医学家，渤海郡（今河北省沧州市任丘）人，开了中医“望、闻、问、切”诊疗的先河。扁鹊医术精湛(zhàn)，被老百姓尊称为“神医”。

华佗，沛国谯(qiáo)县（今安徽省亳(bó)州市）人，东汉末年著名的医学家，与张仲景是同时代的人。他医术高超，医德垂范，是中国乃至世界医学史上“外科手术”的开拓者和奠(diàn)基人，被后世尊称为“外科鼻祖”。

动手动脑

在正确答案前的圆圈中打勾

1.《扁鹊见蔡桓公》(cài huán)中,扁鹊采用了中医“望、闻、问、切”中的哪种诊疗方法?

○ 望　　○ 闻　　○ 问　　○ 切

在正确答案前的圆圈中打勾 ✓

2.华佗被后世称为什么？

○ 药王　　○ 外科鼻祖　　○ 儿科圣手

3.《三国演义》的故事中，华佗给哪位知名人物做了外科手术？

○ 刘备　　○ 关羽　　○ 张飞

我是小神农

仔细观察，勾选出老师在本课中讲的药材。

○ 甘草

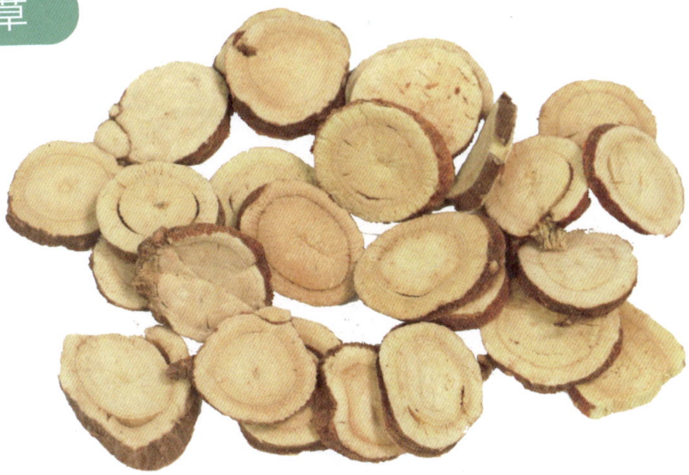

○ 山楂

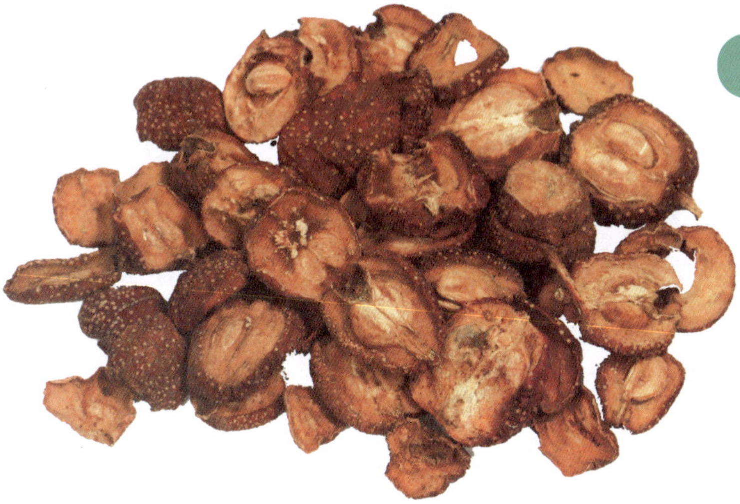

尝一尝 食疗养生学一学

甘草枸杞茶

用甘草泡茶或将甘草跟枸杞子一起泡茶喝，可以起到补脾益气、滋阴补肾的作用，能增强身体免疫力，比较适合秋季服用，能有效减少上火症状的出现。如果家人有上火的症状，同学们可以给他泡一杯甘草枸杞茶喝。

制作方法

原料：

甘草5克，枸杞子10克。

做法：

1. 将准备好的甘草和枸杞子洗净，用温水浸泡一段时间。

2. 将两者和温水一并倒入锅中，再小火慢煮几分钟，直至水沸腾即可。

家校共育

学习收获

成果展示

留个纪念吧

家长评语（孩子的表现可以打几星呢？）

☆☆☆☆☆

答案解析 ✓

1.《扁鹊见蔡桓公》中，扁鹊采用了中医“望、闻、问、切”中的哪种诊疗方法？　望 ✓

“望、闻、问、切”是中医用语，合称四诊。望，指观气色；闻，指听声息、闻气味；问，指询问病情相关信息；切，指摸脉象。其中望诊是通过观察病人的神、色、形、态的情况和变化来进行诊断。“神”是指精神、神气状态；“色”，主要指面色、舌色等；“形”，主要指形体状态；“态”，主要指各种姿态动作。

扁鹊通过观察蔡桓公的神、色、形、态的变化，对他的病位、病情做出了准确的判断，达到了对疾病的早期诊断效果，这属于应用了中医四诊中的“望诊”。并且他十分重视疾病的早期治疗，多次劝说蔡桓公在疾病尚无症状的萌芽阶段及早治疗，也体现了中医“治未病”的思想。

2.华佗被后世称为什么？　外科鼻祖 ✓

华佗，字元化，沛国谯县(今安徽省亳州市)人，著名医学家。据考证，他生于汉永嘉元年(145年)，卒于建安十三年(208年)。少时曾在外游学，钻研医术而不求仕途。华佗一生行医各地，足迹遍及安徽、山东、河南、江苏等地，声誉颇(pō)著。他在医学上有多方面的成就，精通内、外、妇、儿、针灸各科，对外科尤为擅长，后因不服曹操征召被杀，所著医书已佚，今亳州市有“华佗庵(ān)”等遗迹。华佗首创用全身麻醉法施行外科手术，为中医外科学的发展做出了巨大贡献，被后世尊称为“外科鼻祖”。

3.《三国演义》的故事中，华佗给哪位知名人物做了外科手术？

关羽 ✓

在我国四大名著之一，罗贯中所著的《三国演义》一书中，有一段华佗为关羽刮骨疗毒的描写，讲的是关羽在襄樊（xiāng fán）之战时右臂被魏军毒箭射中。后来，伤口渐渐肿大，十分疼痛，不能动弹。华佗为关羽剖臂刮骨，去除骨上剧毒，而关羽神色不变，尚神色自若与人下棋。这个故事原本是颂（sòng）扬关羽之神勇、有毅力、能忍耐，也同时说明了华佗的医技高明，博得了人们的称赞和敬佩。需要注意的是，这是小说中的情节演绎（yì），与三国时期的史实不可等同。

甘草

甘草为豆科植物甘草、胀果甘草或光果甘草的干燥根和根茎，分布于东北、华北以及陕西、甘肃、青海、新疆、山东等地。根呈圆柱形，表面呈红棕色或灰棕色，有显著的纵（zòng）皱纹、沟纹、皮孔及稀疏（xī shū）的细根痕。质坚实，断面略显纤维性，黄白色，粉性，形成层环明显，射线放射状，有的有裂隙（xì）。根茎呈圆柱形，表面有芽痕，断面中部有髓（suǐ）。

甘草的医学应用有生甘草和炙（zhì）甘草之分。直接切片入药的是生甘草，蜂蜜炒制后入药的饮片为炙甘草。泻火解毒时宜用生甘草，一般情况下多用炙甘草。甘草气微，味甜而特殊，具有补脾益气、清热解毒、祛（qū）痰止咳、缓急止痛、调和诸药之功效。常用于治疗脾胃虚弱，倦怠（dài）乏力，心悸（jì）气短，咳嗽痰多，脘腹、四肢挛急疼痛，痈肿疮毒。甘草药性平和，泡茶的时候可以加入少量甘草，可使茶水的味道甘甜悠远。

孙思邈与葛洪

学习目标

了解我国古代中医名家的历史，以及他们擅长的领域和代表作。

知识点摘要

孙思邈，唐代医药学家、道士，被后人尊称为“药王”。孙思邈十分重视民间的医疗经验，不断走访积累，并及时记录下来，终于完成了他的著作《备急千金要方》（又称《千金要方》）。

葛洪，东晋道教理论家、著名炼丹家和医药学家，世称“小仙翁”。葛洪的医学著作《肘后备急方》，书名的意思是可以常常备在肘后（带在身边）的应急书，是应当随身常备的实用书籍。书中收集的大量救急用的方子，都是他在行医、游历的过程中收集和筛选出来的。

动手动脑

在正确答案前的圆圈中打勾 ✓

1.孙思邈被后世称为什么？

○ 药仙　　○ 药王　　○ 医仙

在正确答案前的圆圈中打勾 ✓

2.诺贝尔奖获得者屠呦呦教授发明的青蒿(hāo)素在制取方法上受到了哪部著作的启发?

○《肘后备急方》 ○《备急千金要方》 ○《本草纲目》

3.青蒿素的提取借鉴(jiàn)了哪种方法?

○ 蒸取汁法 ○ 绞(jiǎo)取汁法 ○ 烤炙法

我是小神农

仔细观察，勾选出老师在本课中讲的药材。

○ 淡竹叶

○ 党参

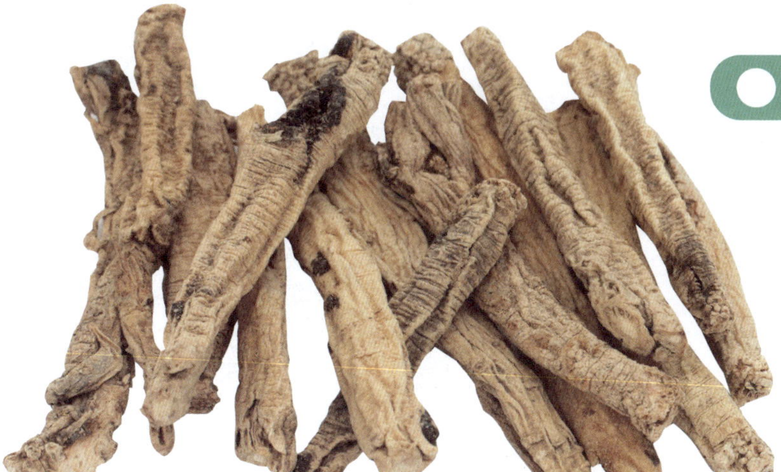

食疗养生学一学

淡竹叶茶

淡竹叶最常见的一种用法就是加入适量的清水熬煮，能够达到清热、利尿除烦的效果，可以有效缓解牙龈肿痛，治疗热病烦渴的效果非常好，但是无实火、湿热者最好不要服用。

制作方法

原料：

淡竹叶6克。

做法：

1. 将淡竹叶略微清洗。

2. 将洗后的淡竹叶置于茶壶中，倒入热水焖15分钟左右即可。

学习收获

成果展示

留个纪念吧

家长评语（孩子的表现可以打几星呢？）

☆☆☆☆☆

答案解析 ✓

1.孙思邈被后世称为什么？药王 ✓

孙思邈(541—682),京兆(zhào)华原(今陕西省铜川市耀州区)人,相传为楚大夫屈原的后人,唐代医药学家、道士,被后人尊称为“药王”。西魏大统七年(541年),孙思邈出生于一个贫穷农民的家庭。他从小就聪明过人,长大后开始爱好道家老庄学说。孙思邈十分重视民间的医疗经验,不断走访积累,并及时记录下来,终于完成了他的著作《备急千金要方》。他汲(jí)取《黄帝内经》中关于脏腑的学说,在《备急千金要方》中第一次完整地提出了以脏腑寒热虚实为中心的杂病分类辨治法;在整理和研究张仲景《伤寒论》后,将伤寒归为十二论,伤寒禁忌十五条,为后世研究《伤寒杂病论》提供了可循(xún)的门径,尤其为广义伤寒增加了更具体的内容。

2.诺贝尔奖获得者屠呦呦教授发明的青蒿素在制取方法上受到了哪部著作的启发？《肘后备急方》✓

在屠呦呦团队的最初实验中,青蒿的效果都不是最好的,失败接踵(zhǒng)而来。此后,她再次翻阅古代文献,《肘后备急方·治寒热诸疟(nüè)方》中的几句话引起了她的注意:“青蒿一握,以水二升渍(zì),绞取汁,尽服之。”原来青蒿里有青蒿汁,它的制取方式和中药通常用的煎熬法不同——青蒿是通过“绞汁”,而不是传统中药“水煎”的方法来用药的。屠呦呦想到用这种特殊的方法可能是因为高温会破坏药物的疗效,随后她改用沸点较低的乙醚(mí)在60°C的温度下制取青蒿提取物,1971年10月4日,她在实验室中观察到这种提取物对疟原虫的抑制率达到了100%。也就是说,如果没有这本《肘后备急方》,青蒿素的发现可能会更加曲折。

3.青蒿素的提取借鉴了哪种方法？绞取汁法√

从植物青蒿里提取青蒿汁液,汁液里很可能存在“抗疟”的化学成分。屠呦呦受东晋医学家葛洪《肘后备急方》中“青蒿一握,以水二升渍,绞取汁,尽服之”可治“久疟”的启发,联想到提取过程可能需要避免高温,由此改用低沸点溶剂提取的方法,从而获得了成功。

淡竹叶

淡竹叶为禾本科植物淡竹叶的干燥茎叶。其性味甘淡,性寒,能清热泻火、利尿、生津除烦,对于牙龈(yín)肿痛、口腔炎等有良好的疗效,民间多用其茎叶制作夏日消暑的凉茶饮用。淡竹叶不仅可以作药用,还能作为食材。日常可以泡水、煮粥,虽然味道微苦,但是非常适合实火烦热、湿热内蕴(yùn)的情况。

生活中的中医道理

学习目标

中医不仅存在于医院里，更存在于我们的生活中，学习中医道理，有利于我们更好的生活。

知识点摘要

看似不经意间的动作，却蕴含着中医道理。我们睡醒后伸懒腰，实则拉伸了任督二脉，可以使身体气血运行顺畅；子时和午时都是阴阳交替之时，因此睡子午觉对身体很有好处。

动手动脑

涂一涂

橘子的哪些部位可以入药，用不同颜色涂一涂。

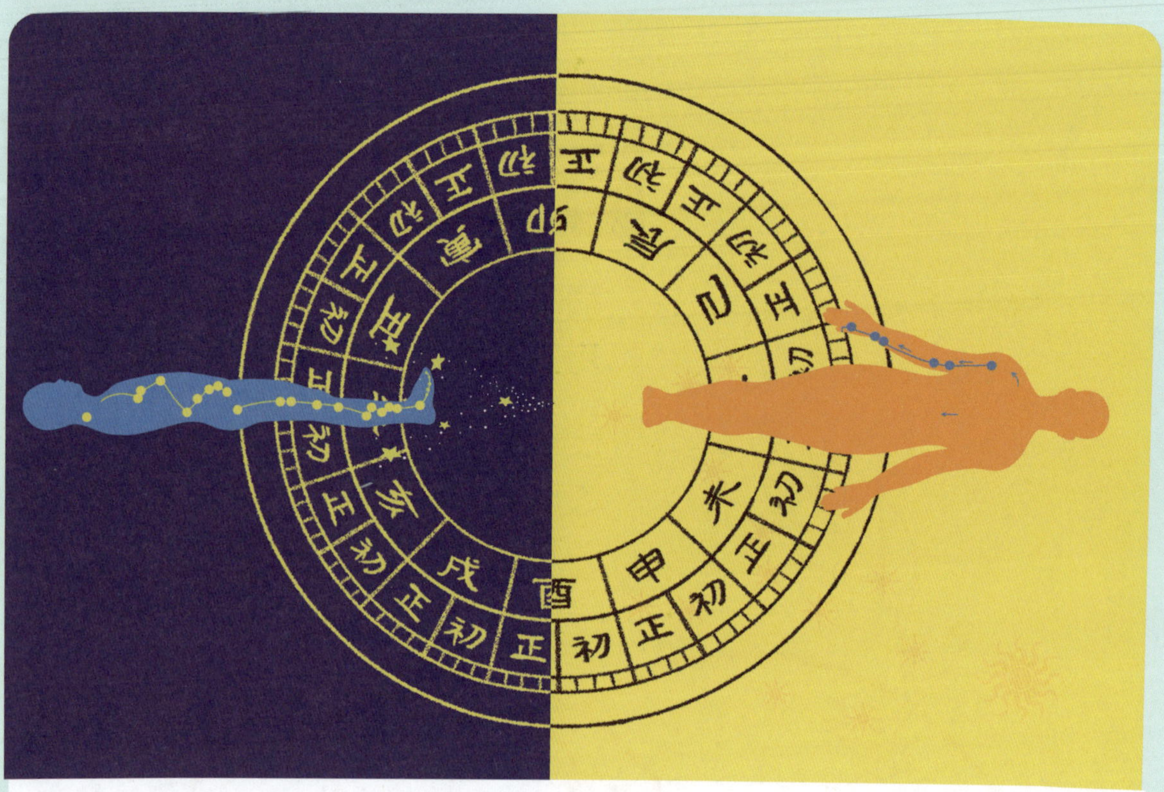

把子午觉所对应的时间和经络进行连线。

子午觉	时间	经络
子觉 ○	○ 午时 ○	○ 心经
午觉 ○	○ 子时 ○	○ 胆经

我是小神农

仔细观察，勾选出老师在本课中讲的药材。

○ 桂皮

○ 菊花

橘子全身皆可入药

橘叶——行气化痰
橘核——消肿止痛
橘络——化痰通络
陈皮——理气化痰

家校共育

学习收获

成果展示

留个纪念吧

家长评语（孩子的表现可以打几星呢?）

☆☆☆☆☆

答案解析 ✓

1.关于橘子的中医药知识小贴士。

金秋十月，是一年当中橘子最好吃的时候。橘子浑身都是宝，橘皮、橘络、橘核、橘叶均是“天然药物”，而橘子肉不仅美味可口，还富含维生素，适量吃橘子有益身体健康，下面就给大家介绍一下橘子的好处。

新鲜的橘皮中含有大量的维生素C和香精油，因为含有一些生物碱不能直接吃，但是可以少量添加到汤、粥中调味；日常也可以使用橘皮精油提神醒神。特殊品种的橘子，经过特殊工艺炮制的橘皮叫陈皮。“陈”本身就是陈旧的意思，所以陈皮在特定条件下，保存越久药效越好。陈皮具有理气化痰、健脾和胃等功效，主治消化不良等病症。

橘子里白色网状的丝络，叫“橘络”，具有行气通络、化痰止咳、开胃醒酒的功效。橘络可以直接吃，也可用来泡水喝。

橘核有理气、散结、止痛的作用，通常用于治疗疝气。

橘叶非常常见，对人的身体健康也是很有好处的。橘叶具有疏肝行气、化痰、消肿散结的功效，常用于治疗乳腺(xiàn)增生等乳腺疾病，日常可以用来煲汤或者泡茶喝。

2.

子觉 —— 午时 —— **心经**

午觉 —— 子时 —— **胆经**

（子觉连子时，午觉连午时）

子午觉就是每天子时和午时按时入睡，其主要原则是“子时大睡，午时小憩(qì)”。日常生活中保证一定时间、一定质量的睡眠，对于学习、工作压力较大的学生、白领们非常重要。

子时是指晚11点至凌晨1点，从中医理论来讲，这个时间段是“胆经循行时间”，更是阴阳交汇、阳入于阴的“合阴”时间。此时若处于睡眠状态，不仅有利于养肝养血，更有利于阴阳交合，颐养真阴。因此，熬夜往往会耗伤阴血，久之会有阴虚症状出现。

午时(11点—13点)阴阳再次交汇，“合阳”时间则要小寐(mèi)，休息30分钟左右即可，最多不要超过1小时。午时是“心经循行的时间”，所以同学们每天中午都应该抽出时间小憩，达到养心的目的，下午学习时才会更加神采奕(yì)奕。

桂皮

桂皮是樟科植物天竺(zhú)桂、阴香、细叶香桂或川桂等树皮的统称，用作食品香料或烹饪(pēng rèn)调料，也可以入药。通常为筒状或不整齐的块片，大小不等。外皮灰褐色，内表面红棕色或灰红色，光滑，有不明显的细纵纹，指甲刻划显油痕。质硬而脆，易折断，断面不整齐。

桂皮气清香而凉，略似樟脑，味辛、甘，性大热，归肾、脾、心、肝经。有补火助阳、引火归元、散寒止痛、温通经脉的功效。用于脘腹(wǎn fù)冷痛、呕吐泄泻、腰膝(xī)酸冷、寒疝(shàn)腹痛、寒湿痹(bì)痛、瘀滞(yū zhì)痛经、血痢(lì)、肠风、跌打肿痛、创伤出血等。

桂皮也是常用的调味品，“重口味”的调料里都有它，最常见的就是火锅料，西餐也很喜欢用它调味。桂皮性大热，所以吃火锅的时候容易上火，有它的一份“功劳”。

饮食健康小秘密

学习目标

生活中一些喜闻乐见的小常识，其实蕴含着中医大道理。

知识点摘要

俗话说，“热天一块瓜，胜如把药抓”。西瓜又称寒瓜，中医又把它叫作“天然白虎汤”。在张仲景所著的《伤寒论》中有一个药方叫白虎汤，它的主要作用是清热生津(jīn)，清心除烦。伤寒学派把它视为清阳明经热的代表性方剂，而西瓜也正是因为具有这种功效，所以它又被叫作“天然白虎汤”。

“冬吃萝卜，夏吃姜”，是人们常说的养生理论。生姜性温味辛，可解表散寒，温中止呕，化痰止咳。夏季炎热，人们往往贪凉饮冷，而过食寒凉、吹空调太久，容易损伤脾胃阳气，此时喝一点姜汤，可起到散寒祛暑、开胃止泻的作用。

萝卜味辛性微寒，有消食和中、清热利尿、生津解渴的功效。冬天寒冷又干燥，人们喜欢吃各种补品或高热量的肉类，积聚在胃肠里会产生燥热。这时，吃些萝卜有助于消食化积、清解里热，所以“冬吃萝卜”是有一定道理的。

涂一涂

西瓜翠衣是图中哪部分，涂上颜色。

在正确答案前的圆圈中打勾

喝水的正确方式是哪个？

○ 口渴了才喝水

○ 一次大量喝水

○ 多次少量喝水

○ 拿可乐当水喝

把下列食物与其对应的属性用线连接起来。

生姜 ○

○ 清热消积

温胃健脾 ○

○ 白萝卜

仔细观察，勾选出老师在本课中讲的药材。

○ 芦根

○ 葛根

厨房里的小妙招

萝卜炖羊肉

萝卜炖羊肉是一道家常菜，主要食材是萝卜和羊肉，主要烹饪工艺是炖。萝卜炖羊肉，具有祛痰止咳、温中益气之功效，以及增强机体免疫力的功能。

制作方法

原料：

羊肉500克，萝卜1000克，陈皮10克。

配料：

料酒15克，葱20克，姜6克，盐3克，味精1克。

做法：

1. 将萝卜洗净，去皮，切成块状。羊肉洗净，切成条或块。陈皮洗净，姜洗净拍碎，葱洗净切成段。

2. 把羊肉、陈皮放入锅内用大火烧开，撇去浮沫，改用小火煮半小时。

3. 加入萝卜、姜、葱、料酒、盐，炖至萝卜熟透，加味精，装碗即成。

家校共育

学习收获

成果展示

留个纪念吧

家长评语（孩子的表现可以打几星呢?）

☆☆☆☆☆

答案解析 ✓

1.关于西瓜皮的中医药知识小贴士。

西瓜皮也称西瓜翠衣,是除去西瓜瓤的外皮部分(参照现行西瓜皮饮片标准),又叫西瓜青。干燥果皮薄而卷曲,成筒状或不规则形,大小不一,外表面为黄色、黄绿色或黑棕色;内表面有网状的维管束线纹,以近白色者为佳;质脆,易折断。其性味甘凉,水煎饮代茶,可治暑热烦渴、水肿、口舌生疮、中暑以及因气候燥热引起的咽喉干痛、干咳不止等疾病。

2.喝水的正确方式是哪个?多次少量喝水✓

水是生命之源,我们的身体大部分是由水组成的,在平时一定要养成健康正确的饮水习惯。有些人往往在口渴时才想起喝水,一次性摄入过多水分,其实这种喝水方式是不正确的,平时不管渴不渴都要及时补水。

长期喝饮料会给身体的器官增加很大的负担,喝太多饮料会导致体内糖分升高,导致血液变稠,甚至会导致血液循环受阻,久而久之也会对皮肤的新陈代谢造成影响,而且饮料里的各种添加剂,也会给肝肾代谢带来负担。

肾脏在身体里负责水液的循环和代谢,一次性喝太多的水,会增加肾脏的负担,严重者甚至会引起"水中毒"。建议同学们即使很渴,喝水的时候也要慢慢小口饮水,这样才能使身体充分的吸收缺失的水分,才能维持我们身体各器官的正常功能,避免给肾脏过多压力,保持我们身体的健康。

3.

生姜 —— 温胃健脾

白萝卜 —— 清热消积

中医食疗重视食物的不同性味和作用,就是用食物性味的偏性来调整人体的气血阴阳，扶正祛邪，以期达到“阴平阳秘，精神乃治”的健康状态。食物的偏性是指“四性”，即寒、热、温、凉四种属性。凉性和寒性，温性和热性，在作用上有一定同性，只是在程度方面有所差别。一般认为，寒凉性食物大都具有清热、泻火、解毒作用，常用于热性病证；温热性食物大多具有温中、助阳、散寒的作用，常用于寒性病证。

生姜属于温性食物，味辛，具有温中散寒的作用。白萝卜属于凉性食物，味甘，归脾、胃经，具有清热生津、凉血止血、下气宽中、消积化热的功效。

葛根

葛根为豆科植物野葛的干燥根，习称野葛。秋、冬二季采挖，趁鲜切成厚片或小块，干燥后备用。干燥块根呈长圆柱形，药材多纵切或斜切成板状厚片，长短不等，白色或淡棕色，表面有时可见残存的棕色外皮，切面粗糙，纤维性强。无臭，味甘。以块肥大、质坚实、色白、粉性足、纤维性弱者为佳，质松、色黄、无粉性、纤维性强者质次。

《本草纲目》载：葛根，性凉、气平、味甘，具清热、解肌、升阳止泻等功效。葛根主治项背僵痛、泻痢腹痛。现代研究发现葛根对高血压、高脂血症等疾病都有着一定的疗效。

好吃又好看的中药材

学习目标

学习生活中常见的三味药食同源中药材。

知识点摘要

当开始流行“保温杯里泡枸杞”，说明人们开始重视身体健康。投资健康，是一种负责任的人生态度。

本节课分享了三味药食同源的中药材：枸杞子、玫瑰花和莲子。枸杞子滋补肝肾，玫瑰花疏肝解郁(yù)，莲子补脾益气。这三种中药材，通过食补也可以达到良好的调理效果。

动手动脑

在正确答案前的圆圈中打勾 ✓

1.有一个地方的红枸杞很有名,俗称“红宝”,你知道是哪里吗?

○ 青海　○ 宁夏　○ 西藏(zàng)　○ 新疆

2.黑枸杞里含有一种对人体有益的成分叫什么?

○ 叶绿素　○ 花青素　○ 维生素

玫瑰花

在正确答案前的圆圈中打勾 ✓

3.(多选题)玫瑰花的功效有?

○ 解郁　○ 安神　○ 利尿　○ 美白

我是小神农

仔细观察，勾选出老师在本课中讲的药材。

○ 桂皮

○ 胖大海

尝一尝 食疗养生学一学

胖大海泡水

胖大海泡水服用具有清热润肺、利咽消炎解毒的作用，主要用于肺热声哑、干咳无痰、咽喉干痛、头痛目赤等症状，但严禁长期大量饮用。

制作方法

原料：

胖大海3~5颗。

做法：

1.将胖大海略微冲洗。

2.将胖大海放进热水里，3~5分钟后，水渐渐呈茶色即可饮用。

家校共育

学习收获

____

____

成果展示

留个纪念吧

家长评语（孩子的表现可以打几星呢？）

☆☆☆☆☆

答案解析 ✓

1.有一个地方的红枸杞很有名，俗称“红宝”，你知道是哪里吗？宁夏 ✓

宁夏枸杞俗称“红宝”，虽然个头不如别的地区的枸杞大，但营养成分是最高的。正宗宁夏枸杞，因产地特殊性，糖分低，干燥不结块，褶(zhě)皱明显，气味香，泡水后汤色呈黄色或橘色，最大的特征就是上浮率高，因而宁夏中宁也被称为枸杞子的道地药材产地。

2.黑枸杞里含有一种对人体有益的成分叫什么？ 花青素 ✓

黑枸杞味甘、性平，富含蛋白质、枸杞多糖、氨(ān)基酸、维生素、矿物质、微量元素等多种营养成分。经科学检测，其钙、铁、尼克酸含量分别为红果枸杞的2.3、4.6、16.7倍，而且含有丰富的黑果色素——花青素(红果枸杞不含)，其低聚原花青素（OPC）含量是蓝莓的8~10倍，是迄今为止发现OPC含量最高的天然野生植物。而OPC是最有效的天然水溶性自由基清除剂，其抗氧化能力是维生素C的20倍、维生素E的50倍。

3.玫瑰花的功效有？ 解郁 ✓ 安神 ✓ 美白 ✓

玫瑰花属于蔷薇科植物，花瓣可以制饼馅、玫瑰酒、玫瑰糖浆，干制后可以泡茶，花蕾入药治肝胃气痛、胸(xiōng)腹胀满和月经不调。玫瑰花味甘、微苦，性温，归肝、脾经。

玫瑰花行气解郁、和血止痛，用于肝胃气痛、食少呕(ǒu)恶(ě)、月经不调、跌(diē)扑伤痛。玫瑰花药性温和，还具有镇静、安神、抗抑(yì)郁的功效。玫瑰花对女性皮肤的滋养有很好的功效，还具有美白的作用。

胖大海

胖大海别名为大海、大海子、大洞果等，为梧桐科植物胖大海的干燥成熟种子。本品呈纺锤形或椭圆形，先端钝圆，基部略尖而歪，具浅色的圆形种脐，表面呈棕色或暗棕色，微有光泽，具不规则的干缩皱纹。外层果皮极薄，质脆，易脱落。中层果皮较厚，呈黑褐色，质松易碎，遇水膨胀成海绵状。

胖大海气微、味甘、性寒，嚼之有黏(nián)性，可用于治疗肺热声哑、干咳无痰、咽喉干痛、热结便闭、头痛目赤等病症。

厨房里的养生家

学习目标

最好的医院是厨房,最好的药物是食物,最好的医生是巧妇。厨房里常见的调料,每一个都是“顶级专科医生”,如果我们能了解它们,好好利用它们,很多小病小痛都能搞定。

知识点摘要

中医有“药食同源”的理论,食物和药物间有时没有绝对的分界线。我们经常吃的食物很多都是有药理作用的, 比如我们常吃的肉类, 我们喝的小米粥, 中医的智慧都来源于生活。

动手动脑

在正确答案前的圆圈中打勾 ✓

1. 比较适合冬季里进补的一道菜是？

在正确答案前的圆圈中打勾

2. 能行气化湿、开胃，并且还有温中止呕作用的是哪一项？

3.小米粥好吃又有营养,在中医理论中,它对五脏中哪个最有好处?

○心 ○肝 ○脾 ○肺 ○肾

我是小神农

仔细观察，勾选出老师在本课中讲的药材。

○ 党参

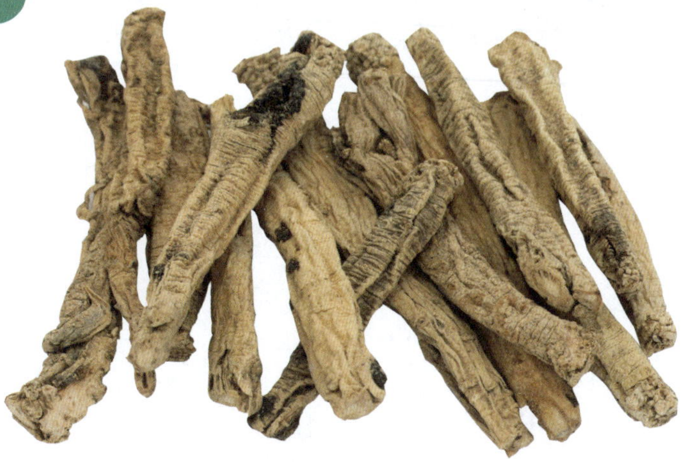

○ 枸杞子

尝一尝

食疗养生学一学

党参茶

党参是补气类中药，具有补气生津、健脾养血的功效。党参可以煮水喝也可以泡水喝，很适合气虚的人群。

制作方法

原料：

党参5克。

做法：

1.党参用温水泡1个小时。

2.泡好的党参放入茶杯中，倒入开水，盖上盖子焖8分钟左右即可。

学习收获

成果展示

留个纪念吧

家长评语（孩子的表现可以打几星呢?）

☆☆☆☆☆

答案解析 ✓

1.比较适合冬季里进补的一道菜是？当归炖羊肉✓

当归炖羊肉是一道非常适合冬季食用的菜品,中医认为这道饮食能发挥温中补血、补益虚劳的作用,还能快速地提升人体的免疫力,改善身体素质,尤其适合在秋冬季节食用。

2.能行气化湿、开胃，并且还有温中止呕作用的是哪一项？白豆蔻✓

白豆蔻气味芳香,性味辛温,归脾、胃经，具有行气化湿、温中止呕、开胃消食的功效，常用于治疗湿阻脾胃的病症。

3.小米粥好吃又有营养,在中医理论中,它对五脏中哪个最有好处？脾✓

小米是一种常见的谷物,大部分人群,包括老人、小孩，在平时都可以食用,小米也被誉为“五谷之首”。中医认为人体出现反胃、虚损等症状都与脾胃功能差有很大关系,而小米具有较好的补益脾胃的作用。甘味入脾,小米可有效改善反复拉肚子、呕吐、消化不良等症状。由于小米升糖指数很低,故糖尿病患者也可放心食用。

党参

党参为桔梗(jiégěng)科植物党参的干燥根。党参根略呈圆柱形、纺锤状圆柱形或长圆锥形,少分枝或中部以下分枝。表面为灰黄色、灰棕色或红棕色,有不规则纵沟及皱缩,疏生横长皮孔,上部多环状皱纹,近根头处尤密。根头有多数突起的茎痕及芽痕,集成球状,习称“狮子盘头”。

党参味甘、性平,有补中益气、健脾益肺、养血生津等作用,用于治疗脾肺气虚、食少倦怠(juàn dài)、咳嗽虚喘、气血不足、面色萎黄、心悸气短、津伤口渴、内热消渴等症。该品功效与人参相似,唯药力薄弱。治一般虚证,可代替人参使用;虚脱重证,则仍用人参为宜。

穿衣洗澡也是学问

学习目标

生活中人们穿衣保暖可保护身体上的穴位不受风邪的侵害。

知识点摘要

中医认为，风、寒、暑、湿、燥、火是致病六因素，其中风寒之邪居前两位。颈部是人体的“要塞(sài)”，颈部有很多血管，还有很多重要的穴位，比如颈椎上有大椎(zhuī)穴、风池穴，还有延伸到肩部的肩井穴。人的身体上有很多的穴位，所以洗澡后要注意保暖，否则风寒容易在此时侵犯你的身体。

动手动脑

在正确答案前的圆圈中打勾 ✓

1.围围巾保护着颈部两个易受风邪侵袭的穴位,一个是风府穴,另一个是什么?

○ 百会穴　　○ 风池穴　　○ 太阳穴

涂一涂

2.穿秋裤保护着腿部一些重要穴位免受风寒侵袭。请在图中给“内膝眼”涂红色，给“外膝眼”涂黄色。

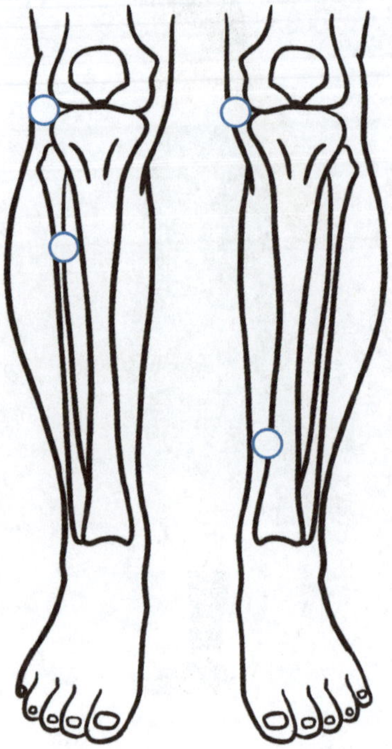

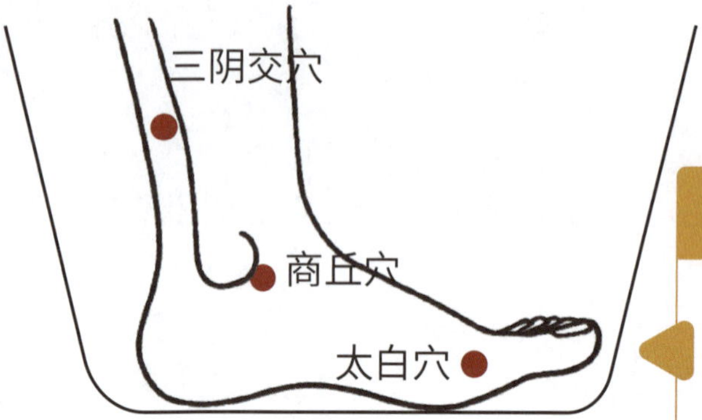

涂一涂

3.泡脚的过程中，为了有更好的效果，水位应高过哪个穴位？请在图中标出水位线。

我是小神农

仔细观察，勾选出老师在本课中讲的药材。

○ 黄芪（qí）

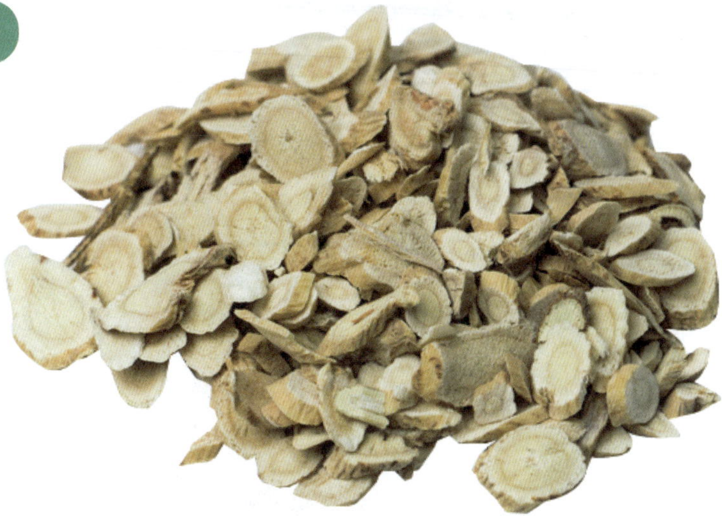

○ 甘草

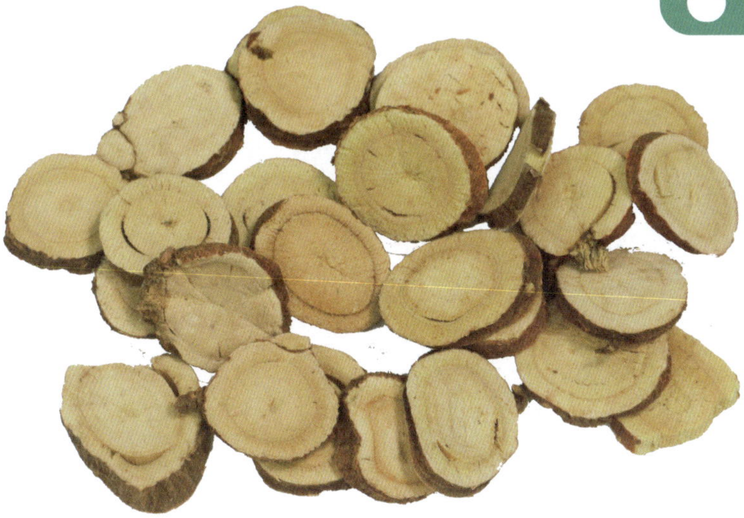

试一试

劳动技能

全家学穴位按摩

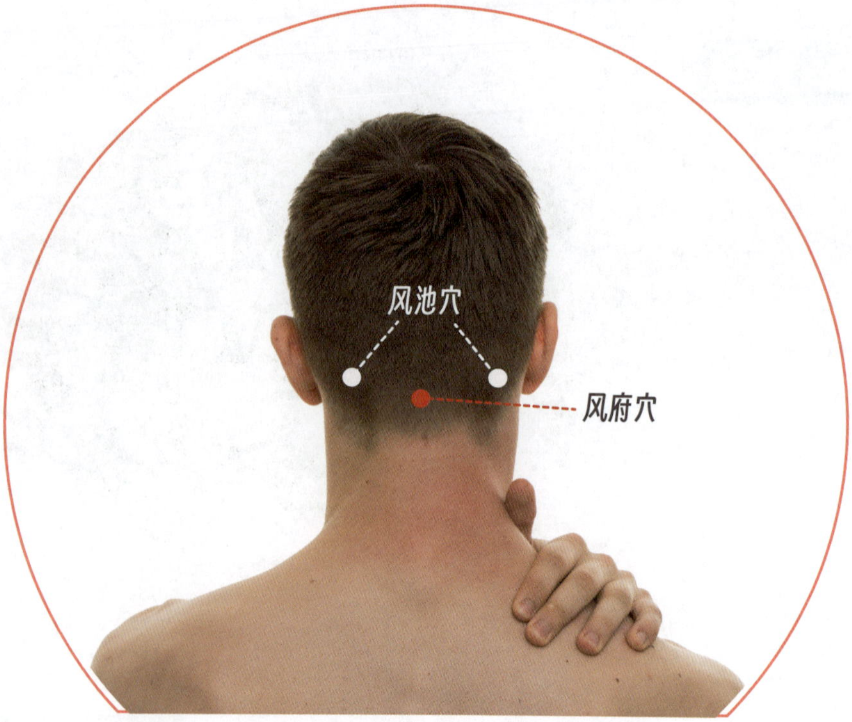

回家在父母的脖子上
找一找风池穴、风府穴，
并告诉他们
你学习的收获吧！

家校共育

学习收获

____

____

成果展示

留个纪念吧

家长评语（孩子的表现可以打几星呢?）

☆☆☆☆☆

答案解析 ✓

1.围围巾保护着颈部两个易受风邪侵袭的穴位，一个是风府穴，另一个是什么？ 风池穴 ✓

中国有句俗话，叫作“神仙也怕脑后风”。我们的先辈认为，“风者善行而数变，风为百病之长”。也就是说，风邪是导致日常很多疾病的罪魁(kuí)祸首。风邪可谓是无处不在、无孔不入，而后脑又是最薄弱的地方，风邪很容易从此处侵入人体内部，轻则伤风感冒，严重时会导致中风瘫痪(tānhuàn)。风府穴位于督(dū)脉，督脉总督全身的阳气。如果风邪从这里进入人体，就会使阳气受损，严重者会出现头痛、恶寒(即怕冷、畏寒之症)等症状。风池穴在胆经上，距离风府穴很近，此处也不可受风，否则人可能会出现口苦、头晕目眩等不适症状。

所以，我们平时一定要注意对头部和颈部的保暖，冬季出门时要戴上帽子和围巾，保护风府穴和风池穴不受风邪侵袭。

2.

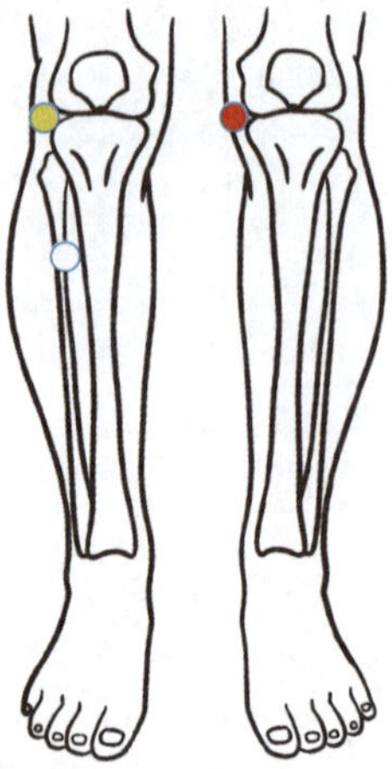

膝眼穴位于髌韧(rèn)带两侧凹陷处，因为它看起来就像是膝盖的两只眼睛，所以得名膝眼穴，内侧的称为内膝眼，外侧的称为外膝眼。在唐代孙思邈撰(zhuàn)写的《千金要方》中对膝眼穴位置就有这样的描述：“膝眼，在膝头骨下，两旁陷者宛宛中。”

人体各部位中，小腿和脚离心脏相对较远，血液流经的路程长，所以俗语常说“脚冷，则冷全身”，全身若冷，机体抵抗力就会跟着下降，病邪就可能乘虚而入。如果在寒冷的季节里不注意腿部保暖，经年累月，就会造成腰腿痛、坐骨神经痛、膝关节酸痛等病症。

3.

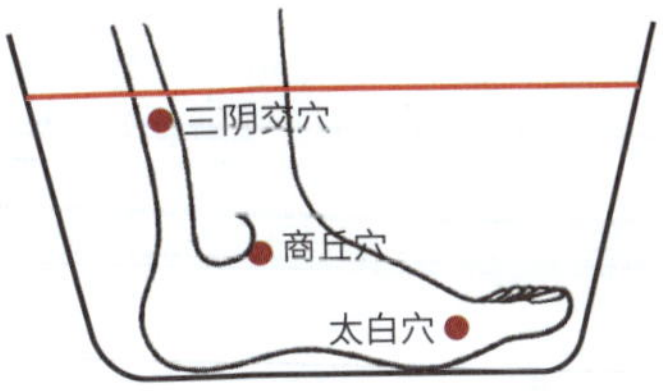

三阴交穴，在小腿内侧，正坐屈膝成直角，在踝关节内侧，四个手指并拢，沿着足内踝(huái)尖(脚内侧内踝骨最高点)向上，手的另一侧对应的点，也就是足内踝上缘四指宽(自己的手横着放，约四根手指横着的宽度)，在踝尖正上方胫(jìng)骨边缘凹陷中就是三阴交穴。

三阴交是肝、脾、肾三条阴经的交会处，所以叫三阴交。其中，脾为后天之本，肾为先天之本，都是非常重要的脏器，许多疾病其实都是由肝、脾、肾的功能异常而引起的。三阴交这个穴，一穴治三经，一穴调三脏，所以在泡脚的时候，水位线要超过这个穴位，让这个穴位接收到水的热力，才能起到更好的足浴养生效果。

黄芪

黄芪是蒙古黄芪或膜荚黄芪的根。春、秋季采挖，除去泥土、须根及根头，晒至六七成干，理直扎捆后晒干备用。根为圆柱形，有的有分枝，上端较粗，略扭曲。表面呈淡棕黄色至淡棕褐色，有不规则纵皱纹及横长皮孔，栓(shuān)皮易剥落而露出黄白色皮部，有的可见网状纤维束。质坚韧，断面有强纤维性。

黄芪气微，味微甜，有豆腥味，具有补气升阳、固表、利尿、生肌的功效。用于气虚乏力、水肿、糖尿病疮口久不愈(yù)合等。当用于气虚下陷，如气虚乏力、久泻脱肛等病症时，需要用蜂蜜炒制后入药，名为炙黄芪。

生命的循环

学习目标

学习顺应天时、顺应自然、顺应身体的变化养生。

知识点摘要

中医讲究“天人合一”，四时与六气相互影响，相辅(fǔ)相成。而天地万物的变化、生长发育以及人类的生老病死都存在于这一循环之中，藏于“春生、夏长、秋收、冬藏”的奥秘之中。

动手动脑

在正确答案前的圆圈中打勾 ✓

1.生命的两大支柱,一个是先天之本,为肾,还有一个是后天之本，是哪个脏腑?

○ 心　　○ 脾　　○ 肝

在正确答案前的圆圈中打勾

2.人的天年通常指的是多少岁？

○ 90岁　○ 100岁　○ 120岁　○ 110岁

3.养生的原则可以概括为八个字，后四个字是“起居有常”，前四个字是什么？

○ 早睡早起　○ 食饮有节　○ 暴饮暴食

我是小神农

仔细观察，勾选出老师在本课中讲的药材。

○ 菊花

○ 薄荷

食疗养生全家尝

薄荷做凉拌菜

有清热解暑的作用。

薄荷泡水

对于慢性咽炎，平时嗓子不舒服或者抽烟、喝酒过度的人有一定的治疗作用。

家校共育

学习收获

____

____

成果展示

留个纪念吧

家长评语（孩子的表现可以打几星呢？）

☆☆☆☆☆

答案解析 ✓

1.生命的两大支柱,一个是先天之本,为肾,还有一个是后天之本,是哪个脏腑? 脾 ✓

脾为后天之本,人出生后,作为独立的个体而生存,主要靠脾运化食物、供给营养。脾对人体的营养作用体现在以下三个方面:

一是脾主运化。给人体脏腑提供营养的水谷精微经过脾的转输,上输于肺,贯(guàn)注于心脉,才能输布全身,滋养五脏六腑、四肢百骸(hái)、筋骨皮毛。

二是充养肾精。肾精是构成人体和维持人体生命活动的基本物质,主人体的生长发育与生殖(zhí)。肾精包括先天之精和后天之精,先天之精来源于父母,后天之精来源于脾胃,先天之精必得后天之精的充养,才能充盛。

三是脾胃是气血生化之源。脾运化的水谷精微,要通过心肺的作用化生气血,输布到全身。

由于脾在人的生命活动中起着极其重要的作用,故称脾为后天之本。

2.人的天年通常指的是多少岁? 120岁 ✓

天年是指年龄120岁,是我国古代对人的寿命提出的一个命题。天年,也就是天赋的年寿,指的是一个人在保持身体各器官都在健康状态下,自然能达到的最大的寿命,即自然寿命。唐代著名医学家王冰认为天年应为120岁。

3.养生的原则可以概括为八个字,后四个字是“起居有常”,前四个字是什么? 食饮有节✓

“法于阴阳,和于术数,食饮有节,起居有常,不妄作劳,故能形与神俱,而尽终其天年,度百岁乃去。”这是中医典籍《黄帝内经》中的经典养生法则,这段话告诉我们关于养生的三个基本要素:

(1)遵守自然规律。

(2)饮食要有节制,顺应自然节气。

(3)起居要有规律。

所以,顺应四时变化根据不同季节的气候特点,调整饮食、起居及情志,使人体与自然和谐共处,才能够健康长寿。

薄荷

薄荷为多年生草本植物。薄荷,相信大家非常熟悉,它有一种清新芳香的味道,深受人们喜爱。现在人工合成了薄荷味的香精,也有很多“薄荷味”的物品出售。

薄荷是辛凉解表药,可治流行性感冒、头痛、目赤、身热及咽喉、牙龈肿痛等症。同时薄荷也是餐桌上的鲜菜,清爽可口,中餐、西餐都非常喜欢用它。平常以薄荷代茶饮,也可清心明目。

春夏养生

学习目标

春生、夏长、秋收、冬藏，这是自然界的规则。四季更替、气候变化，对人体来说，也会有不同的影响。传统中医理论强调，人应当遵循天时变化，调整精神、饮食和起居，达到保健的目的。本节课程学习“春夏养生”。

知识点摘要

春季养生秘决在于保持体内的阳气，俗话说“春夏养阳”。中医认为，养阳重在养肝。春季保肝十分重要，饮食均衡(héng)，多吃新鲜蔬菜，少吃酸、辣及油炸、烤、煎食物，勤喝水、少饮酒，对肝脏调养和身体调补都有好处。

中医认为“心与夏气相通应”，心的阳气在夏季最为旺盛，心脏负担也随之加大，所以夏季是心脏病的高发期。夏季养心重在精神调摄，保持愉快而稳定的情绪(xù)，切忌大悲大喜，以免以热助热，火上加油。

动手动脑

在正确答案前的圆圈中打勾 ✓

1.春季养生对应的脏腑是哪一个?

○ 肾　　○ 肝　　○ 脾

2.(多选题)春季养生正确的习惯有哪些?

○ 适当运动　○ 心情舒畅　○ 适当保暖　○ 大吃大喝

在正确答案前的圆圈中打勾 ✓

3.夏三月养生之道,应该格外注重保养哪个脏腑?

○ 肝　　○ 心　　○ 肺

我是小神农

仔细观察，勾选出老师在本课中讲的药材。

○ 莲子

○ 夏枯草

做一做 劳动技能

厨房里的小妙招

莲子粥

莲子粥具有补脾益气、养心安神的功效，适用于脾虚食少、乏力等病症。

制作方法

原料：

莲子、大米各100克，银耳20克，冰糖适量，红枣数枚。

做法：

1. 用水把冰糖煮化，银耳用温水泡发，莲子煮熟去芯。

2. 把大米煮成粥。

3.然后把银耳、莲子、红枣和化开的冰糖一起放入粥锅里，用小火略煮即成。

家校共育

学习收获

成果展示

留个纪念吧

家长评语（孩子的表现可以打几星呢?）

答案解析 ✓

1.春季养生对应的脏腑是哪一个？肝 ✓

春养肝,指春季养肝。春天在五行中属木,而人体的五脏之中肝也是属木性,因而春气通肝,彼此对应。在春天,肝气旺盛而升发,中医认为,春天是肝旺之时。

春季养肝应该顺应肝气升发,可吃一些香辛宣散的食物,如香椿、春韭菜,可饮玫瑰花茶。春季养生还要注重精神调理,保持心胸开阔,情绪乐观,以使肝气顺达,气血调畅,达到防病保健之目的。

2.春季养生正确的习惯有哪些？ 适当运动 ✓ 心情舒畅 ✓ 适当保暖 ✓

春光明媚、风和日暖之际,同样也是运动养生的好时节,应当“夜卧早起,广步于庭”。

春季应该适当运动,经常做做操,伸个懒腰,这样可以促进身体气血的正常运行,促进新陈代谢。在做伸展运动的时候,要让身体尽量地舒展,配合有节奏的呼吸,让全身都放松下来。

春季一定要让心情愉悦,让身体得到舒展。

春天乍暖还寒的时候,气温波动较大,很容易引发感冒,所以,在春天应注意保暖,不宜过早脱去外衣,要随着气温的变化及时增减衣服,以免身体受寒,引起感冒等疾病。

3.夏三月养生之道,应该格外注重保养哪个脏腑?心 ✓

夏季主火,在人体五脏中对应的是心。夏季炎热的天气会使人更容易出汗,如果养生不当,则容易导致心火旺盛而出现心神不安、心浮气躁的情况。心烦会使心跳加快,加重心脏的负担,所以夏季养心首先要静心,"心静自然凉",静则生阴,阴阳平衡才能更好地保养心脏健康。夏季可以多闭目养神,多听一些悠(yōu)扬的音乐舒缓心情。

莲子

莲子,为睡莲科植物莲干燥成熟的种子。略呈椭圆形或类球形,表面呈浅黄棕色至红棕色,有细纵(zòng)纹和较宽的脉纹。一端中心突起,呈深棕色,多有裂口,其周边略下陷。子叶两片,呈黄白色,肥厚,中有空隙(xì),具绿色莲子心。

莲子气微、味甘、微涩,莲子心味苦。有趣的是,莲子仁与莲子心功效不同:莲子仁味甘、涩,性平,常用于治疗脾虚泄泻、心悸失眠;莲子心味苦,性寒,有清心安神、交通心肾的功效。

秋冬养生

学习目标

春生、夏长、秋收、冬藏，这是自然界的规则。四季更替、气候变化，对人体来说，也会有不同的影响。传统中医理论强调，人应当遵循天时变化，调整精神、饮食和起居，达到保健的目的。本节课程学习“秋冬养生”。

知识点摘要

秋天，自然界景象因万物成熟而平定收敛(liǎn)。此时，天高风急，地气清肃(sù)。秋季主收，宜早睡早起，收敛阳气，以使意志安宁清净，不要使神志外驰，借以缓和秋天肃杀之气对人体的不利影响。

冬季草木凋零，水寒成冰，树木已成枯枝，许多动物也已入穴冬眠，不见阳光。人此时也应顺应天地闭藏之势，气血内收，运行于内，这时我们不要过分扰动阳气，应早睡晚起，待日出而活动。在精神上，要使神志潜藏于内，安静自若。

动手动脑

在正确答案前的圆圈中打勾 ✓

1.秋季养生要早睡早起,收敛神气,使人与秋气相和,秋天与哪个脏腑相对应?

○ 肝　　○ 心　　○ 肺

2.(多选题)秋季养生要防止秋燥,应适当补充哪些食物?

○ 百合　　○ 梨　　○ 白萝卜　　○ 干果

在正确答案前的圆圈中打勾 ✓

3.冬季养生应保养阳气，去寒就温，冬天与哪个脏腑相对应呢？

○ 肾　　○ 心　　○ 肺

我是小神农

仔细观察，勾选出老师在本课中讲的药材。

鸡内金

砂仁

做一做　劳动技能

厨房里的小妙招

砂仁羊肉汤

砂仁羊肉汤具有健脾散寒、温胃止痛的作用，特别适合中医辨证属脾胃虚寒者。

制作方法

原料：

羊肉适量（500~1000克），砂仁10克，白胡椒3克，葱适量，姜数片，盐适量。

做法：

1.取新鲜的羊肉，将其清洗干净之后，剁成小块。

2.将切好的羊肉浸入水中，最少浸泡1个小时，才能把里面的脏东西、血水给泡出来。

3.往锅内倒入清水，接着把羊肉全部倒进去，然后加入葱、姜、砂仁开始煮，大火把锅内的水烧开之后，撇掉浮沫。

4.盖上盖子炖大约1个小时之后，加入适量的盐和胡椒粉，将其搅拌均匀即可。

家校共育

学习收获

____

____

成果展示

留个纪念吧

家长评语（孩子的表现可以打几星呢？）

☆ ☆ ☆ ☆ ☆

答案解析 ✓

1.秋季养生要早睡早起，收敛神气，使人与秋气相和，秋天与哪个脏腑相对应？ 肺 ✓

秋季对应五脏中的肺，肺为相傅之官，主全身之气，司呼吸，朝百脉。肺喜润恶燥，肺燥则伤阴，肺气虚则萎靡(wěi mí)不振。秋季是养肺的好时节。

立秋后，空气逐渐干燥，而肺最不适应干燥的天气，所以食物要以滋阴润燥为主，有利于润肺养阴。

2.秋季养生要防止秋燥，应适当补充哪些食物？ 百合 ✓ 梨 ✓ 白萝卜 ✓

立秋后，饮食原则上要以甘淡清润为主，润肺养阴，适量多食百合、藕(ǒu)、白萝卜、木耳、山药、扁豆、枸杞子、银耳、梨、苹果等。

立秋后还应少食多餐，忌暴饮暴食，最科学的方式是每顿饭只吃七分饱。晚上吃烧烤、喝啤(pí)酒等不良饮食习惯，会大大增加胃的负担。此外，秋季是适宜人体进补的季节，很多人还会选择多吃些有营养的食物来"贴秋膘(biāo)"，但切忌蛮补。补养身体时要选用"防燥不腻"的平补之品，如南瓜、莲子、桂圆、黑芝麻、红枣、核桃等。少吃葱、姜、蒜、韭、椒等辛味之品，忌贪食生冷瓜果，以免伤及脾胃。

3.冬季养生应保养阳气，去寒就温，冬天与哪个脏腑相对应呢？

肾 √

冬天对应的是肾，冬季养生的重要原则是“养肾防寒”。肾是人体生命的原动力，肾气旺，生命力强，机体才有更强的力量来适应严冬，而保证肾气旺的关键就是冬季养肾。

砂仁

砂仁，为姜科植物阳春砂、绿壳砂或海南砂的干燥成熟果实。种子集结成团，具三钝棱(dùn léng)，中有白色隔膜，将种子团分成3瓣，每瓣有种子5～26粒。种子为不规则多面体，表面呈棕红色或暗褐色，有细皱纹，外被淡棕色膜质假种皮，质硬，胚(pēi)乳为灰白色。

砂仁气芳香而浓烈，性味辛、温，有化湿开胃、温脾止泻、理气安胎的功效。砂仁也是一种常用的香料，但因为气味浓烈，家里不常用，但是卤(lǔ)菜店、火锅店的配方里一定有它。

初识中草药

珍贵的中草药

学习目标

中国地大物博，不同的气候条件、土壤特点，生长出了很多珍贵的中草药。今天的课程我们来学习三味珍贵的中草药。

知识点摘要

人参性味甘、微苦、微温，归脾、肺、心、肾经，具有大补元气、健脾益肺、生津止渴、安神益智的作用。

灵芝归心经，具有补心安神的功效，可以缓解心神失养导致的失眠多梦、体倦神疲、惊悸、健忘等症状。

雪莲因其顶形似莲花，故得名雪莲花，简称雪莲，以天山所产最多，质亦最佳。雪莲可作药用，也有一定的观赏价值。雪莲具有温肾壮阳、温经散寒、祛风除湿等功效。

动手动脑

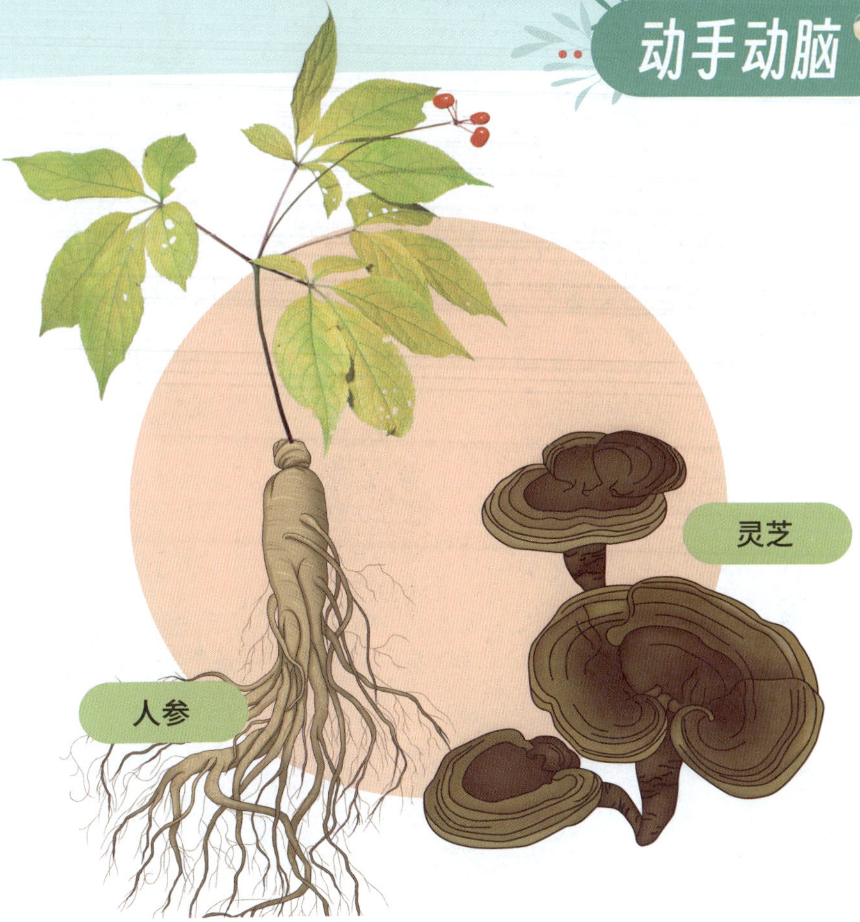

在正确答案前的圆圈中打勾 ✓

1.人参有“仙草之王”“百草之首”的美称,历来作为延(yán)年益寿的滋补佳品,你知道中国哪里是人参的道地药材产地吗?

○ 天山　○ 长白山　○ 泰山

2.(多选题)灵芝的名字来自一个美丽的传说,它还寓意着吉祥如意,你知道灵芝主要的功效是什么吗?

○ 宁心安神　○ 延年益寿　○ 排毒养颜　○ 利尿祛湿

雪莲

在正确答案前的圆圈中打勾 ✓

3.雪莲状如莲花,有着独特的药理作用和药用价值,你知道它生长在我国什么地域(yù)吗?

○ 天山　　○ 长白山　　○ 华山

我是小神农

仔细观察，勾选出老师在本课中讲的药材。

劳动技能

尝一尝 食疗养生学一学

芦根茶

芦根具有利尿、止呕、清热生津的作用，通常用于煲汤或者是泡水饮用。

制作方法

原料：

芦根10克。

做法：

1. 将芦根清洗干净。
2. 用热水冲泡饮用即可。

学习收获

成果展示

留个纪念吧

家长评语（孩子的表现可以打几星呢？）

☆☆☆☆☆

答案解析 ✓

1.人参有“仙草之王”“百草之首”的美称,历来作为延年益寿的滋补佳品,你知道中国哪里是人参的道地药材产地吗? 长白山 ✓

长白山人参,是吉林省特产,也是中国国家地理标志产品,长白山是人参的道地药材产地。

人参为五加科人参属植物,通常所说的人参是指其干燥根茎。长白山人参以其形美、质坚硬、断面皮部显裂隙、形成层明显、气微香、味微苦且甘被誉为人参中珍品。

人参以其补五脏、安精神、定魂魄(pò)、除邪气、止惊悸、明目、开心、益智、久服轻身延年的神奇功效,被誉为“仙草之王”“稀世珍宝”,民间称人参为长白山上“三宝”之首。

2.灵芝的名字来自一个美丽的传说,它还寓意着吉祥如意,你知道灵芝主要的功效是什么吗? 宁心安神 ✓ 延年益寿 ✓

灵芝是一味由来已久的中药,又称灵芝草、神芝、芝草、仙草、瑞草,是多孔菌科植物赤芝或紫芝的全株。灵芝疗虚劳,有宁心安神、止咳、化痰、平喘的作用,能够治疗多种疾病。若是长期服用灵芝,能够延年益寿,所以很多人在为老人或大病之后的人调养身体的时候,都会选择灵芝。

3.雪莲状如莲花，有着独特的药理作用和药用价值，你知道它生长在我国什么地域吗？天山✓

雪莲，又名“雪荷花”，维吾尔语称其为“塔格依力斯”，属双子叶植物纲菊科风毛菊属多年生草本植物，是新疆特有的珍奇名贵中草药，生长于天山山脉海拔4000米左右的悬崖陡壁之上、冰渍岩缝之中。那里气候奇寒，终年积雪不化，一般植物根本无法生存，而雪莲却能在零下几十度的严寒和空气稀薄的缺氧环境中傲霜斗雪、顽(wán)强生长。这种独有的生存习性和独特的生长环境使其天然而稀有，并造就了它独特的药理作用和神奇的药用价值，人们奉雪莲为“药中极品”。

芦根

芦根，多年生高大草本。干芦根呈压扁的长圆柱形。表面有光泽，呈黄白色，节部较硬，节间有纵皱纹。质轻而柔韧(rèn)，不易折断，味微甘。本品均以条粗壮、黄白色、有光泽、无须根、质嫩者为佳。

芦根味甘，性寒，归肺、胃经，有清热泻火、生津止渴、除烦、止呕、利尿的功效。用于治疗热病烦渴、胃热呕吐、肺热咳嗽、肺痈(yōng)吐脓(nóng)、热淋涩(sè)痛。

芦根的味道清淡，可以用来泡茶喝，梨汤芦根饮、竹蔗芦根水，都是很好的养生饮料。

中药的味道

学习目标

认识三种味道特别的中药：最甜的中药、最苦的中药和味道最复杂的中药。

知识点摘要

印象中，中药都是黑黑的药汤，美其名曰“良药苦口”，其实中药也并不都是苦的，像山楂就是酸酸甜甜的，枸杞子和麦冬就是甜丝丝的，今天的课程带你认识三味不一样的中草药，绝对颠覆你的认知。

动手动脑

在正确答案前的圆圈中打勾 ✓

1.（多选题）“哑巴吃黄连，有苦说不出”这句话，说的是黄连的味道很苦，其实在中药里以苦著称的药有很多种，下面哪几种属于此类？

○ 黄柏

○ 黄豆

○ 黄芩

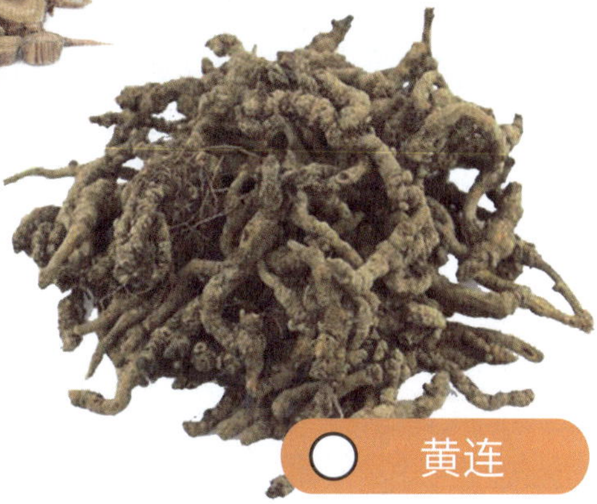

○ 黄连

在正确答案前的圆圈中打勾 ✓

2.以下哪一种具有健胃消食的作用?

○ 麦冬

○ 枸杞子

○ 甘草

○ 山楂

3.从五味子中能尝出酸、苦、甘、辛咸五种不同的味道,因而将其命名为“五味子”。其中有一种味道最显著,你知道是哪一种吗?

○酸　○苦　○甘　○辛　○咸

我是小神农

仔细观察，勾选出老师在本课中讲的药材。

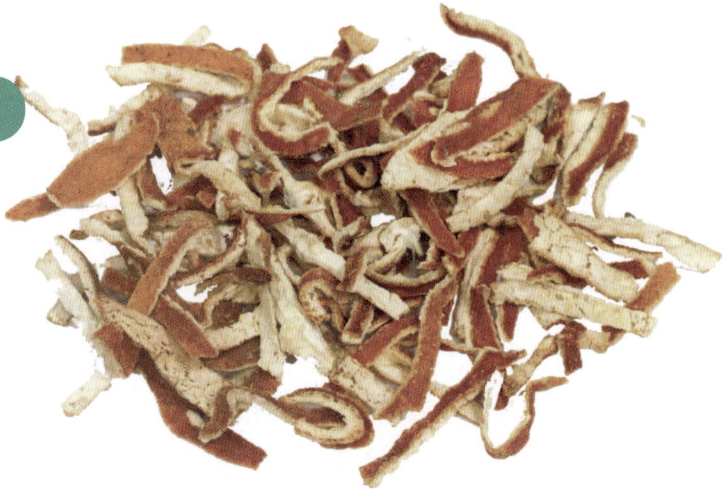

○ 陈皮

○ 莲子

尝一尝 食疗养生学一学

陈皮水

陈皮泡水喝具有理气健脾的作用，如出现脾虚厌食、消化不良、恶心呕吐、胸胀或腹胀的症状，就泡杯陈皮水尝尝吧。

制作方法

原料：

陈皮8克，水250毫升左右。

做法：

1. 煮之前，先清洗掉陈皮表面的灰尘杂质。

2.取陈皮随冷水下壶，大火煮开后再改文火煮3~5分钟。

家校共育

学习收获

____

____

成果展示

留个纪念吧

家长评语（孩子的表现可以打几星呢？）

☆☆☆☆☆

答案解析 ✓

1.“哑巴吃黄连，有苦说不出”这句话，说的是黄连的味道很苦，其实在中药里以苦著称的药有很多种，下面哪几种属于此类？黄芩 ✓ 黄连 ✓ 黄柏 ✓

中药里的黄芩、黄连、黄柏，是苦寒清热解毒的三个代表中药，它们分别用于治疗上焦、中焦、下焦之病，被称为“三黄”。

黄芩：别名山茶根、土金茶根，是唇形科黄芩属多年生草本植物，以根入药，味苦、性寒，有清热燥湿、泻火解毒、止血、安胎等功效。主治温热病、上呼吸道感染、肺热咳嗽、湿热黄胆、肺炎、痢(lì)疾、咯血、目赤、胎动不安、高血压、痈肿疖疮等症。

黄连：别名味连、川连、鸡爪连，为毛茛(gèn)科黄连属多年生草本植物，有清热燥湿、泻火解毒之功效。其入口味极苦，有俗语云“哑巴吃黄连，有苦说不出”，即道出了其中滋味。

黄柏：为芸(yún)香科植物黄皮树的干燥树皮，多产于四川等地，称“川黄柏”。剥取树皮后，除去粗皮、晒干。其体轻、质硬、断面纤维性，呈裂片状分层，深黄色，气微，味极苦，嚼(jiáo)之有黏性，有清热燥湿、泻火除蒸、解毒疗疮(chuāng)的功效。

2.以下哪一种具有健胃消食的作用？山楂 ✓

山楂是很多人都喜欢吃的一种食物，其酸酸甜甜的口感让很多人都爱不释手。山楂中维生素和矿物质含量丰富，特别是其所含的解脂酶(méi)能促进脂肪类食物的消化。中医认为，山楂有消积化滞(zhì)、收敛止痢、活血化瘀的功效。山楂味道偏酸，胃酸分泌过多的人和老年人不建议直接食用，山楂也可以用来泡水、煮粥。山楂红糖水、山楂枸杞粥，不仅弥补了酸味，而且健胃消食，营养与口味兼得。

3.从五味子中能尝出酸、苦、甘、辛、咸五种不同的味道,因而将其命名为“五味子”。其中有一种味道最显著,你知道是哪一种吗? 酸✓

唐代《新修本草》记载:“五味皮肉甘酸,核中辛苦,都有咸味。”意思是它有酸、苦、甘、辛、咸五种味道,所以叫作“五味子”。五味子虽说有五味,却是以酸为主的。酸味有收敛、固涩的作用,简化为一个字就是“收”。

陈皮

陈皮为芸香科植物橘及其栽培变种的干燥成熟果皮。

陈皮味苦、辛,性温,归肺、脾经,有理气健脾、燥湿化痰的功效,主治脘腹胀满、食少吐泻、咳嗽痰多。因为陈皮有一种独特清香,所以煲汤的时候经常用到陈皮。陈皮也是有名的养生零食,陈皮丹、九制陈皮等,都是用陈皮做成的零食。

穴位的作用与位置

学习目标

人体经穴共有362个，它们分布在身体的各个部位。本节课学习人体穴位的位置以及作用。

知识点摘要

如何寻找穴位呢？其中一种方法就是骨度分寸法，来源于《灵枢（shū）·骨度》，是以骨节为主要标志测量周身各部的大小、长短，并依其比例折算尺寸作为定穴标准的方法，不论男女、老少、高矮、肥瘦都是一样。如腕横纹至肘横纹作十二寸，也就是将这段距离划成十二个等分，取穴就以它作为折算的标准。

人体上的每一个穴位都有其特定的功效，比如足三里穴位的位置在小腿部，却可以调理脾胃的功能，中医称为远治；太阳穴的位置在头部，其治疗头部疾病的功能，称为近治；还有一种穴位具有双向调节作用，例如内关穴，其与心脏有关系，无论是心脏跳得急还是跳得缓，都可以用内关穴来调理。

动手动脑

在正确答案前的圆圈中打勾 ✓

1.身体上的每一个穴位都有它的功效,小腿上有一个穴位,叫作光明穴,按揉这个穴位,可以缓解视疲劳,这体现了穴位三大作用中的哪一个?

○ 近治　　○ 远治　　○ 双向调节

2.身体上的每一个穴位都有它的功效,按揉睛明穴,可以缓解视疲劳。这体现了穴位三大作用中的哪一个?

○ 近治　　○ 远治　　○ 双向调节

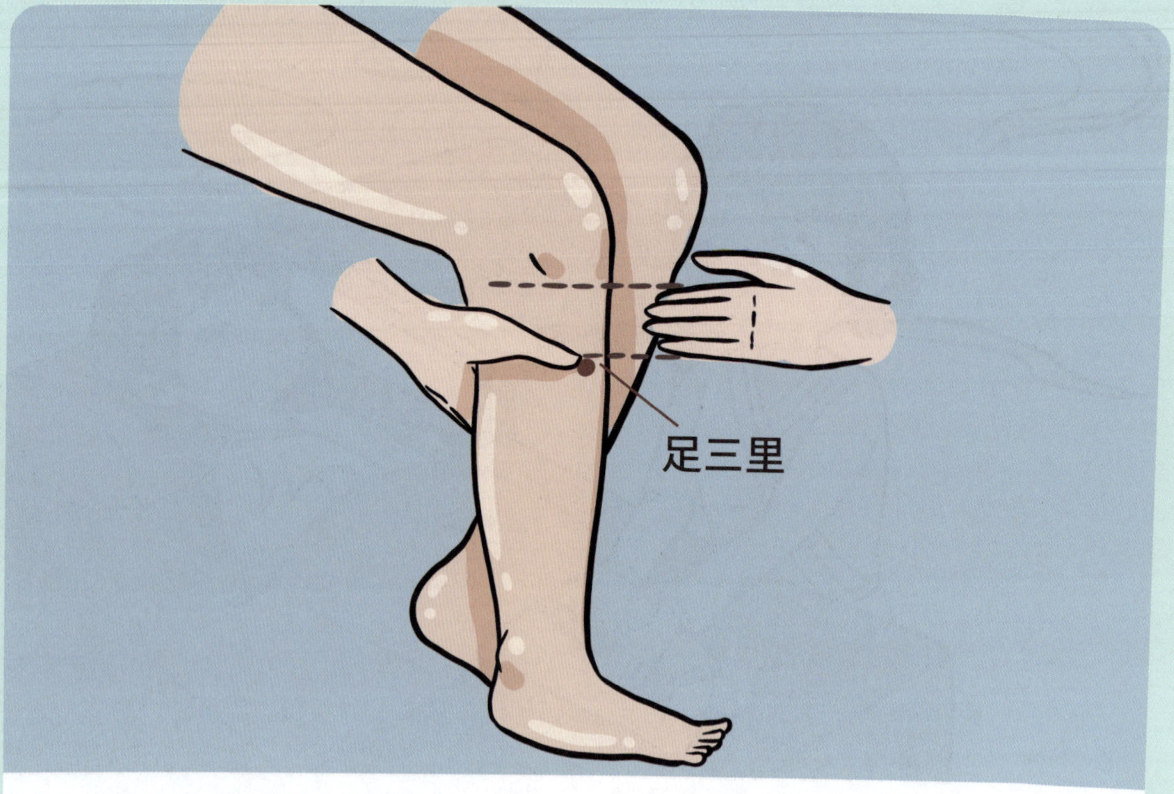

在正确答案前的圆圈中打勾

3.将自己四个手指并拢,来帮助测量足三里穴位的位置,这采用的是哪种确定穴位的方法?

○ 骨度分寸法　○ 手指同身寸法　○ 固定标识法

我是小神农

仔细观察，勾选出老师在本课中讲的药材。

○ 淡竹叶

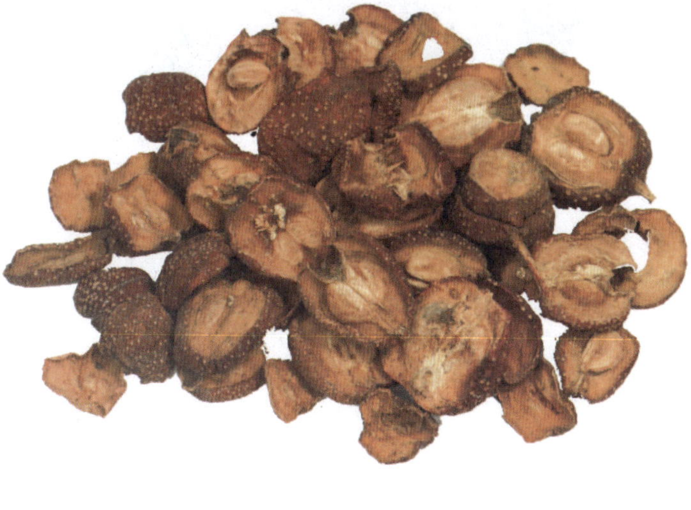

○ 山楂

劳动技能

尝一尝

食疗养生全家尝

山楂

消食健胃，行气散瘀。

山楂片

山楂糕

家校共育

学习收获

____

____

成果展示

留个纪念吧

家长评语（孩子的表现可以打几星呢？）

☆☆☆☆☆

答案解析 ✓

1.身体上的每一个穴位都有它的功效,小腿上有一个穴位,叫作光明穴,按揉这个穴位,可以缓解视疲劳,这体现了穴位三大作用中的哪一个? 远治 ✓

有些腧(shù)穴具有治疗其远隔部位的脏腑、组织、器官病症的作用,这叫作“远治”。十四经穴,尤其是十二经脉中位于肘膝关节以下的经穴,远治作用尤其突出。光明穴距离眼睛较远,但按揉这个穴位,可以缓解视疲劳,这体现了穴位的远治作用。

2.身体上的每一个穴位都有它的功效,按揉睛明穴,可以缓解视疲劳。这体现了穴位三大作用中的哪一个? 近治 ✓

腧穴具有治疗其所在部位局部及邻近组织、器官病症的作用,这种作用叫作近治。睛明穴在眼睛附近,按揉睛明穴,缓解视疲劳,这体现了穴位的近治作用。

3.将自己四个手指并拢,来帮助测量足三里穴位的位置,这采用的是哪种确定穴位的方法? 手指同身寸法 ✓

以患者的手指为标准来定取穴位的方法,称为“手指同身寸定位法”。取穴时用患者本人的手指测(cè)量定位。此处用自己四个手指并拢,来帮助测量足三里穴位的位置就属于手指同身寸定位的方法。

山楂

山楂，又名山里果、山里红，山楂是中国特有的药果兼用品种。中医认为山楂可以健脾开胃、消食化滞、活血化瘀，用于治疗胸膈(gé)痞(pǐ)满、疝气、血瘀、闭经。现代研究发现山楂可以降血脂、降血压、强心、抗心律不齐等。

山楂味道酸甜可口，深受人们喜爱，可生吃或做果脯(fǔ)果糕。制作传统冰糖葫芦，山楂必不可少。我们爱吃的“果丹皮”，北京特产“炒红果”“山楂雪球”，都是用山楂做成的零食，吃油腻了、吃撑了的时候，吃点儿这样的养生零食，有很好的消食、除腹胀的作用。

手臂上的养生穴

学习目标

穴位养生是一种常见的中医养生法。学习三个养生穴位，每天对这些穴位进行按揉刺激，可以使经络通畅，达到养生的目的。

知识点摘要

心脏是人体的动力之源，想要保护好身体的健康，对于心脏的保健就要重视起来，而在诸多的穴位之中保护心脏效果最好的穴位就是内关穴，通过按摩内关穴能够有效地保护心脏的健康！

合谷穴是人体“天然的止痛药”，在生活中人们总是会遭(zāo)遇各种各样的疼痛，而这时按摩一下合谷穴，便可以有效地缓解疼痛。

曲池穴的作用有很多，如调和气血、清热解毒、疏(shū)通经络、消肿止痛、缓解疲劳以及提高身体免疫力等。经常按揉曲池穴对维持身体健康很有帮助。

动手动脑

在正确答案前的圆圈中打勾 ✓

1.婷婷今天有一点儿牙痛，可以按揉以下哪个穴位进行缓解？

○ 合谷穴　　○ 内关穴　　○ 太阳穴

在正确答案前的圆圈中打勾 ✓

2. 内关穴属于哪条经络？

○ 胆经　○ 心包经　○ 肾经

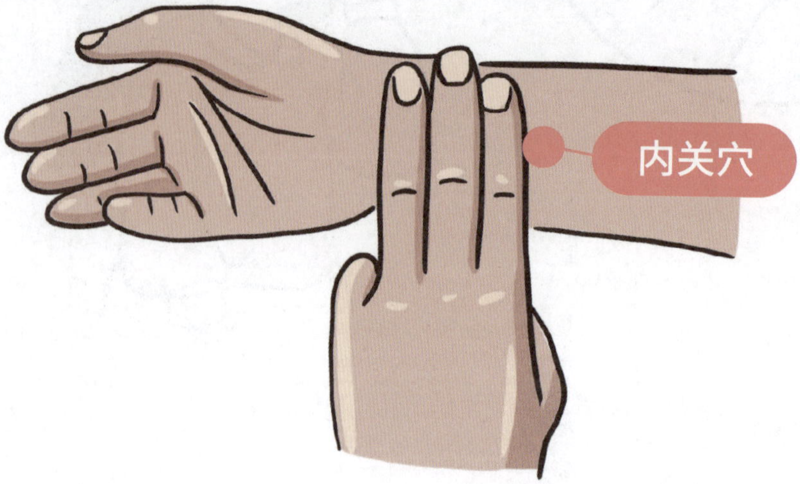

涂一涂

3. 把图中曲池穴的位置涂成红色。

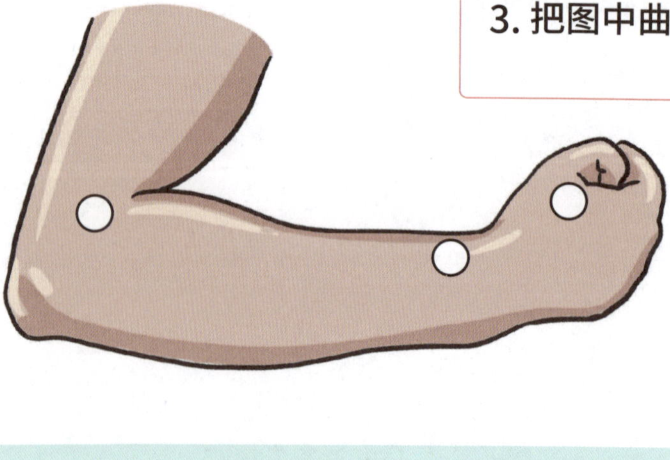

我是小神农

仔细观察，勾选出老师在本课中讲的药材。

○ 枸杞子

○ 砂仁

劳动技能

试一试 全家学穴位按摩

眼疲劳的时候
可以揉揉四白穴

劳动技能

尝一尝 食疗养生全家尝

枸杞菊花茶

清肝明目。

家校共育

学习收获

成果展示

留个纪念吧

家长评语（孩子的表现可以打几星呢?）

☆☆☆☆☆

答案解析 ✓

1.婷婷今天有一点儿牙痛，可以按揉以下哪个穴位进行缓解？合谷穴✓

牙痛可以通过按压合谷穴来缓解。拇指和食指接触时，合谷穴位于虎口部位的最高处。左侧牙痛按摩右侧合谷穴，右侧牙痛按摩左侧合谷穴。操作时，用拇指持续按压合谷穴，使之产生酸麻胀的感觉，然后再继续按揉2~3分钟即可。

2.内关穴属于哪条经络？心包经✓

内关穴是心包经上的穴位，位于手掌面关节横纹的中央往上约三指宽的中央凹陷处。心包经与心有很密切的联系，内关穴也可以说是治疗心血管疾病第一要穴。它的作用主要是宽胸理气，缓解胸痛、胸闷，还可以帮助入眠、调节自主神经功能、缓解疲劳、舒缓腹胀感、治头晕目眩等。

3.

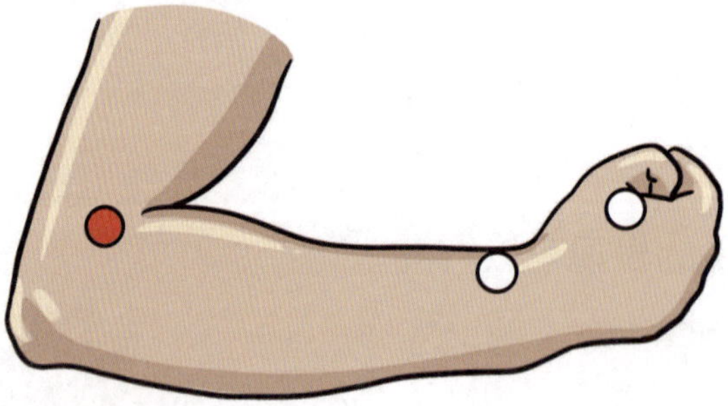

曲池穴是手阳明大肠经之合穴。此腧穴在肘横纹外侧端,屈肘时,当尺泽与肱(gōng)骨外上踝连线的中点,有清热解表、疏经通络的作用。临床上主要用于配合治疗手臂痹痛、上肢不遂(suí)、热病、高血压、癫(diān)狂、腹痛、吐泻、咽喉肿痛、齿痛、目赤肿痛、瘾疹(yǐn zhěn)、湿疹、瘰(luǒ)疬(lì)等病症。

枸杞子

枸杞子是茄科枸杞属植物,人们日常食用和药用的枸杞子是植物枸杞的干燥成熟果实。枸杞子呈椭圆形或纺锤形,表面呈鲜红色至暗红色,具不规则的皱纹,略有光泽,一端有白色果柄痕。肉质柔润,内有多数黄色种子,扁平似肾脏形,无臭,味甜。枸杞子润而滋补,兼能退热、滋肾、润肺、补肝、明目,主治肝肾阴虚、腰膝酸软、头晕目眩、目昏多泪、虚劳咳嗽、消渴,为肝肾真阴不足、劳乏内热补益之要药。

枸杞子是著名的药食两用品种,日常做菜、煮汤、煮粥,经常要加它。枸杞子的品种非常多,做菜的品种会更追求颜色鲜红、肉质厚嫩、口味甘甜,用药的品种会更追求它的药效,而外观口味就要差很多。

日常保健穴位

学习目标

穴位养生是一种常见的中医养生法，学习三个养生穴位，每天对这些穴位进行按揉刺激，可以使经络通畅，达到养生的目的。

知识点摘要

中医认为，关元穴是真阳所居、化生精气之处，“为男子藏精、女子蓄(xù)血之处”。经常按摩或艾灸(jiǔ)关元穴，可起到补肾壮阳、理气和血、治妇科病等祛病养生功效。

按摩太冲穴，可以起到疏肝解郁、调理肝脏的作用，也可以调畅全身的气机。在晚9点到晚11点肝经经气比较旺的时间，泡脚之后，按摩太冲穴，可起到事半功倍的效果。

足三里穴属于足阳明胃经，是提高脾胃功能的一个比较常用的穴位。脾胃功能不好，消化不良，容易腹胀、便秘、腹泻(xiè)的人都可以经常按揉足三里。

动手动脑

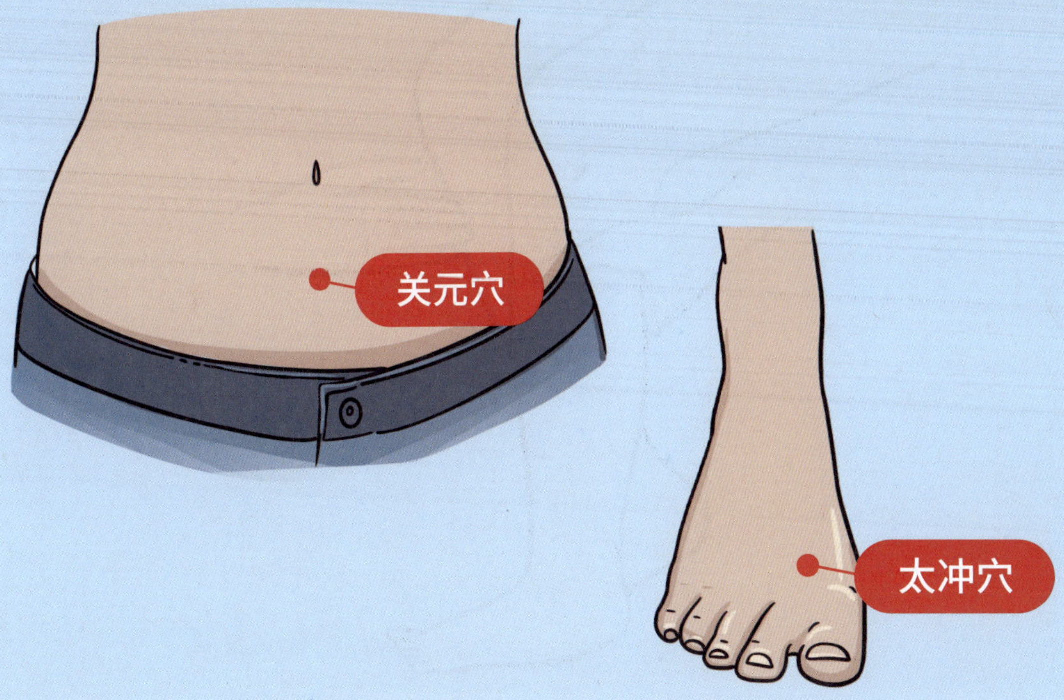

在正确答案前的圆圈中打勾 ✓

1.关元穴位于肚脐下几寸位置？

○ 2寸　　○ 3寸　　○ 4寸

2.太冲穴属于14条经脉中的哪一条？

○ 胆经　　○ 肝经　　○ 肾经

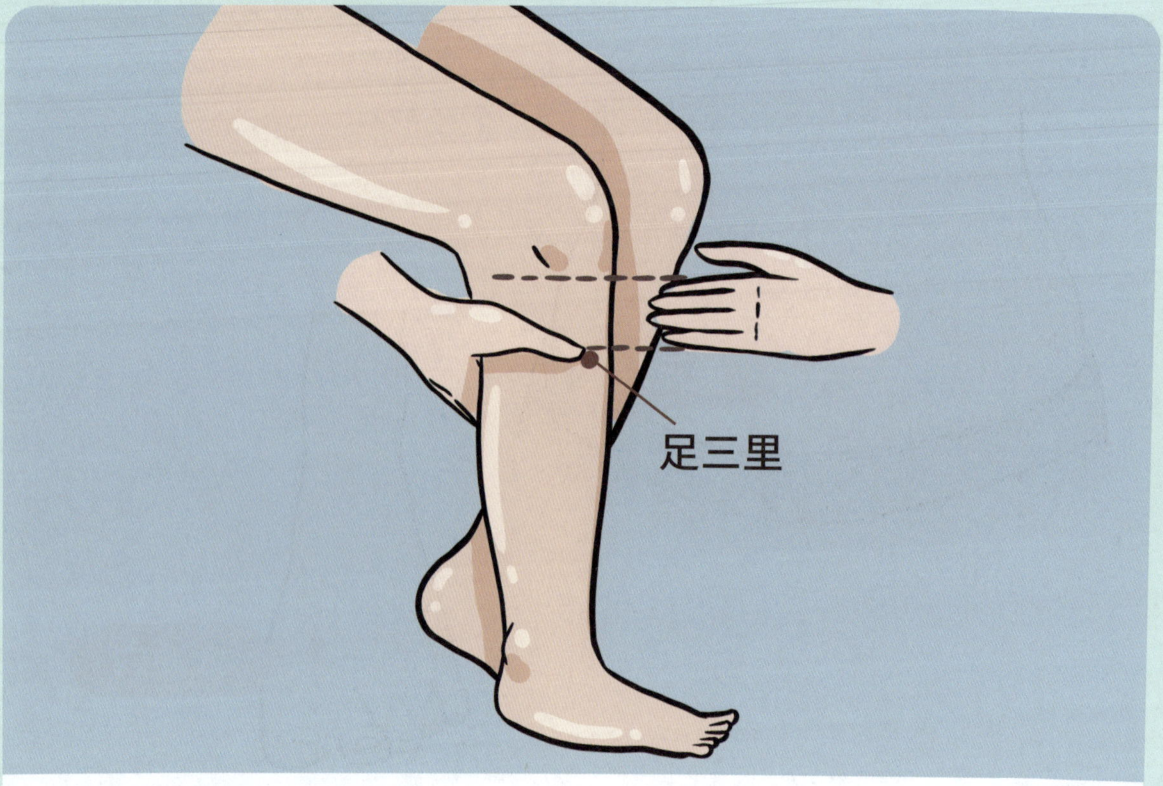

在正确答案前的圆圈中打勾

3."若要安,三里常不干"这句民谚(yàn)中,"三里"指的是以下哪个穴位?

○ 足三里穴　　○ 手三里穴

我是小神农

仔细观察，勾选出老师在本课中讲的药材。

○ 鸡内金

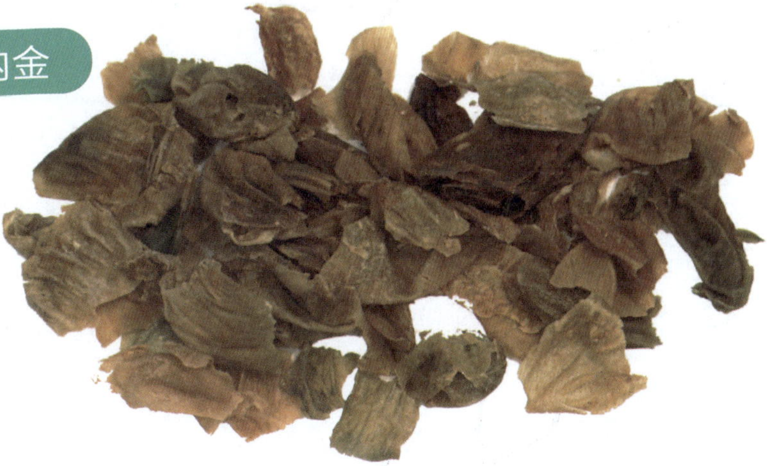

○ 茯苓

劳动技能

试一试 全家学穴位按摩

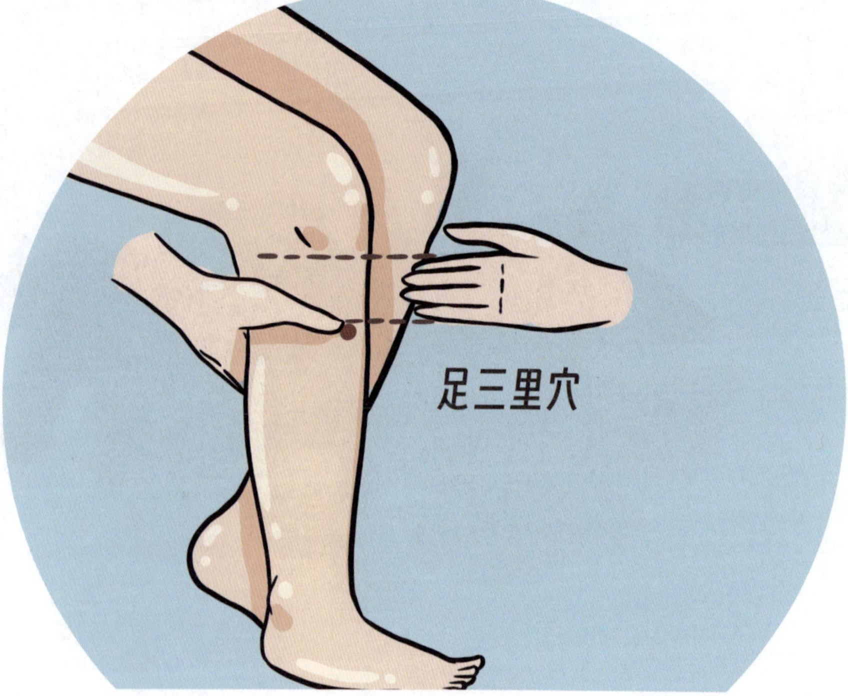

鸡内金作为动物类中药材，有着健脾开胃、消食化积的作用。
同样有着增强脾胃功能作用的还有我们学过的“足三里”穴位，
经常按揉足三里穴位也可以改善我们的脾胃功能。
大家一起来试一试吧。

学习收获

____

____

成果展示

留个纪念吧

家长评语（孩子的表现可以打几星呢？）

☆ ☆ ☆ ☆ ☆

答案解析 ✓

1.关元穴位于肚脐下几寸位置？3寸 ✓

关元穴是任脉的穴位，位于脐下3寸处，有培元固本、补益下焦之功，凡元气亏损者均可使用，所以日常养生也经常采用按揉或艾灸关元穴的方法。关元穴临床上多用于治疗泌(mì)尿、生殖系统疾病。

2.太冲穴属于14条经脉中的哪一条？肝经 ✓

太冲穴属足厥(jué)阴肝经，是肝经原穴(原穴的含义有发源、原动力的意思，也就是说，肝脏所表现的个性和功能都可以从太冲穴得到体现)，位于足背侧，第一、二趾跖(zhǐ zhí)骨连接部位。以手指沿拇趾、次趾夹缝向上移压，压至能感觉到动脉应手处即是。主治中风、眩晕、月经不调、痛经、黄疸、胁(xié)痛、癃(lóng)闭等。

3."若要安，三里常不干"这句民谚中，"三里"指的是以下哪个穴位？ 足三里穴 ✓

"若要安，三里常不干"这句谚语，说明了足三里是防病强身的重要穴位。

三里，即足三里，位于小腿外侧，犊鼻与解溪连线上，犊鼻下3寸，浅层分布有腓(féi)肠外侧皮神经，深层有胫前动、静脉的分支或属支，主治胃肠病、下肢痿痹、神志病、外科疾病、虚劳诸症。经常用艾条灸足三里穴,能够促进身体健康。

鸡内金

鸡内金,为雉(zhì)科动物家鸡的干燥沙囊(náng)内壁。加工为成品的鸡内金为不规则卷片,厚约2毫米。表面呈黄色、黄绿色或黄褐色,薄而半透明,具明显的条状皱纹。质脆,易碎,断面角质样,有光泽。

鸡内金气微腥,味微苦,具有健胃消食、涩精止遗、通淋(lìn)化石的功效。

肯定有人问,鸡内金是不是烧烤里吃的“鸡胗”?其实鸡内金是鸡胗里面的一层膜,而且需要对它进行加工。两种东西差别很大,而且味道也差很多,鸡内金没有鸡胗那么香。

写一写

课程全都学完啦，写一写你的感想吧。

我们是
中医药文化传承人

主编邮箱　shiyituozhan@sina.com
读后感征集　shiyituozhan@sina.com
售后问题或建议请联系　400-923-1068

中医药文化与劳动技能学习手册

第一册（下）

主编　许艺元

中医古籍出版社
Publishing House of Ancient Chinese Medical Books

编委会

序

中医药学是中国传统文化中一颗璀璨的明珠，具有独特的理论体系和神奇的疗效。数千年来，它为中华民族的繁衍昌盛做出了不可磨灭的贡献。时至今日，中医药学在保障我国人民身体健康及防治疾病方面仍然发挥着无可替代的作用。

当前我国大力推进“健康中国”战略，“中医药文化进校园”就是其中一项重要的举措。让学生们从小接触、了解中医药知识，引导、培养他们热爱中医药文化，对提高学生乃至整个民族的身心健康、文化修养，提高民族自信心、自豪感，具有重大的意义。《中医药文化与劳动技能学习手册》的编辑出版是“中医药文化进校园”向前迈进的可喜的一步。

这套手册充分考虑了小学生的认知特点，采用直白通俗的语言，平易近人的语气，将中国医药史、中医药基础理论、常见中草药、常用养生方法等内容做了深入浅出的阐述，依次编排成“学习目标”“知识点摘要”“动手动脑”“我是小神农”“厨房里的小妙招”“食疗养生学一学”“家校共育”等部分，将枯燥的内容编写得鲜活生动，妙趣横生。本手册贴近生活，主题鲜明，不仅内容丰富，构思巧妙，而且编排缜密，图文并茂，引人入胜，既有利于学生阅读，又便于家长参与互动。

这套手册不仅惠及小学生，更惠及家庭，惠及社会。

北京中医药大学教授　王育杰

前言

中医药文化是我国优秀传统文化的重要组成部分，继承和弘扬中医药文化对于推动“健康中国”建设、文化强国战略都发挥着不可替代的作用。

中医药是中华民族的瑰宝，一株小草改变世界，一枚银针联通中西，一缕药香穿越古今。

本书将中医药文化课程与劳动课相结合，旨在将劳动课“上”出特色，让学生们近距离感受中医药文化，了解中医中药，加深对中草药的认知，感受中医药文化的博大精深，增强对传统文化的认同和归属感，激发对中华传统文化的热爱；同时让劳动教育落地生根，引导学生养成良好的劳动习惯，感受劳动之美，把劳动教育融入中医药文化系列课程中，使学生养成健康的生活习惯，引导学生不仅会“认”，而且会运用，运用穴位、运用药食同源食材等调理身体健康，真正做到让知识服务于生活。

许艺元

编写说明

中医药学是中华民族的瑰宝，凝聚着中华民族的博大智慧，为中华民族的健康和繁衍昌盛做出了不可磨灭的贡献，是我国文化软实力的重要组成部分。少年强则国强，培养中小学生的文化自信和综合能力，中医药是不可或缺的内容。

本手册针对小学生，力图将中医药知识的普及与基础教育课程有机衔接，重视实践应用与技能的培养，让中医药知识真正指导健康生活。让学生通过学习，不但有了“信中医、爱中医”的兴趣火种，也有了“用中医、爱生活”的健康生活习惯和良好的学习与实践思维方式。

本学期课程分为4个单元，共16节课，内容包含趣说中医药、色味应五脏、看节气懂健康、正气的保护，每讲主要课程分为“基础知识”“动手动脑”“我是小神农”三个部分。课程精选趣味性、实践性、启发性强的中医药故事和知识点，使教学内容更加贴合小学生的认知水平。“基础知识”部分对应手册中的课程目标与知识点摘要；“动手动脑”部分，同学们在手册上共同完成答题思考，及时巩固课程内容；课程中特有的“我是小神农”环节，教同学们了解和辨识一味中药材，从炮制为饮片的形态特征，引申至其植物状态、适宜的生长环境到药材的制作过程特点，让同学们不但能了解对应的药材有什么作用，而且能了解它的“前世今生”。学习完成后在手册中进行对应练习。

学习手册中还特别设有“生活应用”与“家校共育”部分，引导同学们在生活中观察与实践，记录下学习收获，也可收集家长对于孩子学习表现的反馈。

希望通过学习和实践，把这些凝聚着东方文明的精华和中华优秀文化的精髓传递给学生们，使他们了解中医药知识，并从小树立起正确的文化价值观，养成健康的生活习惯。

手册与课程虽几经修改打磨，尽量广泛争取各方意见，不足之处难以避免，恳请各位老师、同学批评指正，以便未来修订提高。

许艺元

目录

看节气懂健康

正气的保护

让我们一起走进
神秘的中医药文化世界

我们所认识的中医

学习目标

认识中医与西医各有所长，西医以解剖(pōu)生理学为基础，中医以阴阳五行作为理论基础，中医与西医对待疾病的看法不同，治疗的方法也不同，两套理论，各有千秋。

知识点摘要

中医与西医对疾病的看法和治疗方法都不同，但各有擅长的领域。中医药在养生保健、治疗慢性病上有优势，但中医不是慢郎中，中医能治慢性病，也能治急性病。

动手动脑

在正确答案前的圆圈中打勾 ✓

1. 云南白药属于哪一类药？

○ 中成药　　○ 西药

2. (多选题)与西医相比，中医的特点是什么呢？

○ 以现代解剖学为基础　　○ 以疾病本身为目标

○ 以人为本　　○ 整体观念、辨证论治

在正确答案前的圆圈中打勾 ✓

3. 乘坐大巴旅游途中,小明晕车,此时你建议他按揉哪个穴位?

○ 内关穴　○ 太阳穴　○ 足三里穴　○ 人中穴

4. 遇到有人突然晕倒昏迷, 此时可以按揉哪个穴位?

○ 内关穴　○ 太阳穴　○ 足三里穴　○ 人中穴

我是小神农

仔细观察，勾选出老师在本课中讲的药材。

fú

○ 茯苓

qí

○ 黄芪

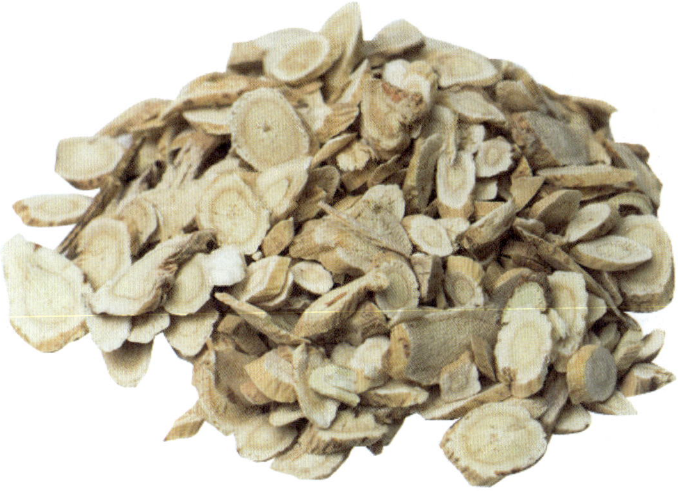

劳动技能

尝一尝 食疗养生全家尝

同学们，吃过茯苓膏吗？
和家人分享茯苓的中药功效吧。

茯苓膏可以涵(hán)养脾(pí)胃。

茯苓膏，是将茯苓蒸熟后和(huò)以牛乳，再用微火煮成膏，是古代宫中的保健食品。

家校共育

学习收获

成果展示

留个纪念吧

家长评语（孩子的表现可以打几星呢？）

☆☆☆☆☆

答案解析 √

1.云南白药属于哪一类药？ 中成药√

中成药是以中药材为原料，在中医药理论指导下，为了预防及治疗疾病的需要，按规定的处方和制剂工艺将其加工制成一定剂型的中药制品，是经国家药品监督管理部门批准的一类中药制剂。

西药是指现代医学用的药物，一般用化学合成方法制成或从天然产物提制而成，以现代医学理论体系指导使用。

中成药所使用的配方多是我国医药学家经过千百年医疗实践创造、总结的有效方剂的精华，临床效果好，安全性高、质量稳定且使用方便。

云南白药原名“曲焕章百宝丹”，由清代云南医生曲焕章研制，是著名的中成药，在化瘀止血、活血止痛等方面有着突出的疗效，被称为“伤科圣药”。

2.与西医相比，中医的特点是什么呢？ 以人为本√ 整体观念、辨证论治√

西医是以现代解剖学为基础，参考生理学、生物学以及化学等学科作为辅助，以现代科学技术为手段，以疾病本身为目标，以实验验证为支持而架设的一个疾病处理体系。

而中医是以内外平衡为目的，对人体本身进行调理的治疗体系，强调人自身以及人和自然的整体统一。简单来说，中医治疗的对象是“病与人”这个整体，而不是单纯治疗某种疾病。

中医通过各种手段，促使人体自身达到阴阳平衡的健康状态。所以中医以人为本、整体观念、辨证论治的特点也是和西医的一大区别。

3.乘坐大巴旅游途中，小明晕车，此时你建议他按揉哪个穴位？内关穴√

内关穴是手厥(jué)阴心包经的常用腧(shù)穴之一，它位于前臂内侧，腕(wàn)横纹上方2寸处，掌长肌腱(jiàn)与桡侧腕屈肌腱之间，常用以治疗胃痛、呕吐、呃(è)逆等胃疾，失眠、癫痫(diān xián)等神志病症，以及上肢痹(bì)痛、偏瘫(tān)、手指麻木等局部病症。我们晕车的时候会感觉恶心欲呕、心慌、出虚汗，这些症状都是内关穴的适应证，所以按揉这个穴位可以缓解晕车的症状。按摩的时候，可以用另一侧的拇指指尖或者指腹来点按刺激这个穴位，以有酸胀感为宜。

4.遇到有人突然晕倒昏迷，此时可以按揉哪个穴位？人中穴✓

人中穴，又称“水沟穴”，民间称其为“救命穴”，是一个重要的急救穴位。当人中风、中暑、中毒、跌(diē)仆、过敏，以及在手术麻醉过程中出现昏迷、呼吸停止、血压下降、休克时，用拇指端按于人中穴顶推，进行强刺激，以每分钟20~40次为宜，可使患者很快苏醒。

现代医学研究对人中穴的急救作用，做出如下科学解释：

(1) 刺激人中穴可以升高血压。在危急情况下，升高血压可以保证机体重要脏器的血液供应，维持生命活力，而节律性、连续弱刺激或强刺激人中穴，都能使动脉血压升高。

(2) 刺激人中穴，可影响人的呼吸运动，如连续弱刺激人中穴，可以使呼吸持续性兴奋；连续强刺激人中穴，可以引起吸气持续性抑(yì)制；适当地给予节律性刺激，则有利于节律性呼吸活动的运行。

所以，运用人中穴可以救治昏厥(jué)急症。

茯苓

茯苓是多孔菌科真菌茯苓的干燥菌核，常寄生在松树根上，形如甘薯，呈球状，外皮呈淡棕色或黑褐色，内部呈粉色或白色，其道地药材产区为云南，称云苓。加工后的中药茯苓为薄片或方块，色白细腻而有粉滑感，几乎无气味，嚼(jiáo)之粘牙。

茯苓味甘、淡，性平，归心、肺、脾、肾经，具有渗(shèn)湿利水、益脾和胃、宁心安神的功效。很多传统零食里都有它，宫廷糕点茯苓糕，就是为了养生而制作的小零食。北京特产茯苓饼、茯苓酸奶，都会添加茯苓。注意，大名鼎鼎的龟苓膏，用的可不是茯苓哦。

古诗词里的中草药

学习目标

学习古诗词里的中草药以及夸赞医生医术高明的词语。

知识点摘要

中医的起源和我国的历史文化一样久远，那些藏在古诗词里的中药，不仅可以医病，还可以医心。

动手动脑

在正确答案前的圆圈中打勾 ✓

1.夸赞医生的成语“悬(xuán)壶济世”与哪位医生有关？

○ 扁鹊　○ 费长房　○ 华佗　○ 孙思邈(miǎo)

2.夸赞医生的成语“大医精诚”与哪位医生有关？

○ 扁鹊　○ 费长房　○ 华佗　○ 孙思邈

在正确答案前的圆圈中打勾 ✓

3.唐代著名诗人王维的《九月九日忆山东兄弟》中提到一味中药,你知道是什么吗?

○ 艾草　○ 茱萸　○ 薄荷　○ 相思子

4.黄巢的诗句“飒(sà)飒西风满院栽,蕊(ruǐ)寒香冷蝶难来。他年我若为青帝,报与桃花一处开”描写的是哪一味中药?

○ 桃花　○ 桂花　○ 菊花　○ 荷花

我是小神农

仔细观察，勾选出老师在本课中讲的药材。

○ 金银花

○ 夏枯草

尝一尝 食疗养生学一学

夏枯草茶

夏枯草可以清肝泻火、散结消肿，当家人有上火表现的时候，给家人泡一杯夏枯草茶吧。

制作方法

原料：

夏枯草60克。

做法：

1. 将夏枯草略微冲洗。

2.将冲洗后的夏枯草放在保温瓶中，以沸水300毫升焖泡15分钟即可。

家校共育

学习收获

成果展示

留个纪念吧

家长评语（孩子的表现可以打几星呢？）

☆☆☆☆☆

答案解析 ✓

1.夸赞医生的成语“悬壶济世”与哪位医生有关？ 费长房 ✓

悬壶济世是古代颂誉医者救人于病痛的美德的成语。

相传，东汉时期河南一带闹瘟疫（wēn yì），死了许多人，附近的大夫都无法医治。某日，一位仙风道骨的老者来到这里，开始普济患（huàn）病的百姓。他看病的方式很奇特，门前挂了一个葫芦，凡是有人求医，老翁就从葫芦里取出一粒药丸，让患者用水冲服。吃药的人没过多久便痊愈了，瘟疫也随之消散。当时，有一个叫费长房的年轻人，断定这位老翁绝非等闲之辈，便想跟随他学医。于是，费长房恭恭敬敬地去拜见这位老翁。老翁见费（fèi）长房诚心求学，便收他为徒，领他一同进入那个取药的葫芦里，教授他治病的本领。从此，费长房也能医百病、驱（qū）瘟疫，令人起死回生，成了一代名医。费长房为了纪念他的师父，行医时总是在腰间系上一个葫芦，把药物储存在里面。医者仁心，以医技普济众生，世人称之，便有悬壶济世之说。

2.夸赞医生的成语“大医精诚”与哪位医生有关？ 孙思邈 ✓

《大医精诚》出自唐代孙思邈的著作《备急千金要方》的第一卷，这是一篇论述医德的极为重要的文献，它广为流传、影响深远。

《大医精诚》论述了有关医德的两个问题：第一是精,即要求医者要有精湛的医术，认为医道是“至精至微之事”，习医之人必须“博极医源，精勤不倦”;第二是诚,即要求医者要有高尚的品德修养，以“见彼苦恼，若己有之”感同身受的心，发“大慈恻（cè）隐之心”，进而发愿立誓“普救含灵之苦”，且不得“自逞（chěng）俊快，邀射名誉”“恃（shì）己所长，经略财物”。

3.唐代著名诗人王维的《九月九日忆山东兄弟》中提到一味中药，你知道是什么吗？ 茱萸 ✓

唐代诗人王维所作的《九月九日忆山东兄弟》：“独在异乡为异客，每逢佳节倍思亲。遥知兄弟登高处，遍插茱萸少一人。”诗中的“茱萸”，又名“越椒”“艾子”，是一味中药，具有杀虫消毒、逐(zhú)寒祛风的功效。历史上，重阳节（农历九月九日）有插茱萸的风俗。重阳节时，秋高气爽，正是茱萸成熟之时，茱萸被认为能祛病驱邪，所以古人或头插茱萸枝，或臂佩茱萸囊(náng)，登高游兴，并把重阳节称为登高节、茱萸节、茱萸会。

4.黄巢的诗句“飒飒西风满院栽，蕊寒香冷蝶难来。他年我若为青帝，报与桃花一处开”描写的是哪一味中药？　菊花✓

黄巢的这首诗叫《题菊花》，译为：飒飒秋风卷地而来，满园菊花瑟瑟飘摇。花蕊花香充满寒意，蝴蝶蜜蜂难以到来。有朝一日，我要当了春神，我将安排菊花和桃花同在春天盛开。

此诗采用比兴手法，托物言志，抒发了作者力图主宰社会的豪迈思想。其不同凡响之处在于它展开了充满浪漫主义激情的大胆想象：一旦自己成为青帝（春神），就要让菊花与桃花一同在大好春光中开放，让菊花也同样享受到蕊暖香浓蜂蝶绕丛的欢乐。诗中的菊花，就是一味中药，具有散风清热、平肝明目、解毒的功效。

夏枯草

夏枯草呈圆柱形，略扁，长1.5～8厘米，直径0.8～1.5厘米，淡棕色至棕红色。全穗由数轮至10数轮宿萼与苞片组成，每轮有对生苞片2片，呈扇形，先端尖尾状，脉纹明显，外表面有白毛。每一苞片内有花3朵，内有小坚果4枚，卵圆形、棕色，尖端有白色突起。

夏枯草，味辛、苦，性寒，具有清火明目的作用，可用于治疗目赤肿痛、头痛等病症。常见的凉茶“夏桑(sāng)菊”源自清代名方，主要成分为夏枯草、桑叶、野菊花，味道甘甜，具有清热降火的功效。不过夏枯草药性寒凉，不可以长期大量服用，也不适合脾胃虚寒的人。

中药更多新发展

学习目标

弘扬中医药文化,讲述中医药的故事。

知识点摘要

中医药学是一个伟大的宝库，青蒿(hāo)素(sù)正是从这一宝库中发掘(jué)出来的。青蒿素类药物治疗疟(nüè)疾不良反应轻微、治愈率高且价格低廉，被非洲人民称为“来自遥远东方的神药”。

动手动脑

在正确答案前的圆圈中打勾

1.屠呦呦教授及其团队发现的“青蒿素”能够治愈哪种疾病?

○ 痢疾　○ 疟疾　○ 天花　○ 水痘

2.屠呦呦教授于哪一年获得了诺贝尔生理学或医学奖?

○ 2013年　○ 2015年　○ 2017年

在正确答案前的圆圈中打勾

3.（多选题）常见的中药剂型有哪些？

○ 汤剂　　○ 丸剂　　○ 膏剂　　○ 散剂

把下列中药与对应的剂型用线连起来

汤剂 ○　　丸剂 ○　　膏剂 ○　　散剂 ○

我是小神农

仔细观察，勾选出老师在本课中讲的药材。

○ 蒲公英

○ 马齿苋（xiàn）

做一做 劳动技能

厨房里的小妙招

凉拌马齿苋

马齿苋含蛋白质、脂肪、多种维生素和氨(ān)基酸，还含有丰富的铜元素。有机会尝尝吧，先来学一学怎样做一道美味的凉拌马齿苋。

制作方法

原料：

鲜嫩马齿苋500 克，酱油、蒜瓣、麻油适量。

做法：

1. 将马齿苋去根、老茎，洗净后下沸水锅焯(chāo)透捞出，用清水洗净黏液，切段放入盘中。

2. 将蒜瓣捣成蒜泥，浇在马齿苋上，倒入酱油，淋上麻油，搅拌即成。

家校共育

学习收获

成果展示

留个纪念吧

家长评语（孩子的表现可以打几星呢？）

☆☆☆☆☆

答案解析 ✓

1.屠呦呦教授及其团队发现的“青蒿素”能够治愈哪种疾病？疟疾 ✓

疟疾是一种影响全球的衰竭(shuāi jié)性疾病，至今仍是广泛传播和极具破坏性的传染病之一。中医关于疟疾的记载可以追溯(sù)到几千年前，而青蒿作为药材的使用也是如此。20世纪60年代，在奎(kuí)宁抗疟失效、人类饱受疟疾之害的情况下，屠呦呦于1969年接受了国家疟疾防治项目“523”办公室艰巨的抗疟研究任务。通过改用低沸点溶剂的提取方法，富集了青蒿的抗疟组分，屠呦呦团队最终于1972年发现了青蒿素。据世界卫生组织不完全统计，青蒿素作为一线抗疟药物，在全世界已挽救数百万人生命，每年治疗患者数亿人。

2.屠呦呦教授于哪一年获得了诺贝尔生理学或医学奖？ 2015年 ✓

屠呦呦是中国中医科学院终身研究员、国家最高科学技术奖获得者、诺贝尔生理学或医学奖获得者。多年来，她从未停止对中医药的研究实践。

2015年10月5日，瑞(ruì)典卡罗琳(lín)医学院宣布将诺贝尔生理学或医学奖授予屠呦呦以及另外两名科学家，以表彰(zhāng)他们在寄生虫疾病治疗研究方面取得的成就。

这是中国医学界迄今为止获得的最高奖项，也是中医药成果获得的最高奖项。屠呦呦说：“青蒿素是人类征服疟疾进程中的一小步，是中国传统医药献给世界的一份礼物。”

3.常见的中药剂型有哪些？ 汤剂✓ 丸剂✓ 散剂✓ 膏剂✓

中药的常用剂型包括汤剂、丸剂、散剂、膏剂等，下面分别予以介绍。

汤剂是最常用的中药剂型。它是把中药饮片配成方剂，加水煎煮，滤液去渣，取滤液饮用的一种方法，也称“汤液疗法”。

丸剂系药粉加入赋形剂制成的圆形或椭圆形的药丸，所以又称“丸药”。制作上为了适应组成药物的性能及医疗上的需要，分为蜜丸、水丸、糊丸、蜡丸及浓缩丸等。

散剂是传统的中医独特剂型之一，是用一种或数种药物的干燥粉末，按处方剂量规定，均匀混合后内服或外用以治疗疾病。

膏剂分内服和外用两种。内服膏剂，又叫膏滋，是把药物加水煎熬，滤渣，加入冰糖、蜂蜜等，熬成稠厚的膏，可长期服用。外用膏剂一般称药膏，又称油膏，是将蜂蜡加入棉籽油或花生油中，加热溶化，趁热加入应用的药物细粉，不断搅拌，待冷凝即成。外用药膏一般用于治疗疮疡疥癣（jiè xuǎn）等皮肤病。

马齿苋

马齿苋为马齿苋科一年生草本植物，多皱缩卷曲，常结成团。茎为圆柱形，长可达30厘米，直径0.1～0.2厘米，表面呈黄褐色，有明显纵沟纹。叶对生或互生，易破碎，完整叶片呈倒卵形，长1～2.5厘米，宽0.5～1.5厘米，绿褐色，先端钝平或微缺，全缘。花小，3～5朵生于枝端，花瓣呈黄色。果圆锥形，内含多数细小种子。

马齿苋气微，味微酸，性寒，归肝、大肠经，具有清热解毒、凉血止血、止痢（lì）的功效。

青与酸应肝

学习目标

“五色入五脏”理论出自中医经典著作《黄帝内经》。古人认为，自然界的各种事物和现象，都可以通过木、火、土、金、水五行联系起来，所以便有了酸味、青色入肝，苦味、赤色入心，甘味、黄色入脾，辛味、白色入肺，咸味、黑色入肾的说法。

知识点摘要

绿色属五行中的“木”，在五脏上对应肝。主疏通、条达、生发，调节情志，促进消化，疏泄气机。

肝不好的表现：容易犯困，情绪不稳定，易怒，脸色暗黄，腰酸背痛。常吃绿叶菜可以养肝，如芹菜、香菜、菠菜。平时要少喝酒，不动怒，保持充足睡眠，多喝水。

动手动脑

在正确答案前的圆圈中打勾 ✓

1.在中医养生理论中，有“五色五味养五脏”的说法，你知道青色(绿色)与酸味对应哪个脏腑吗？

○ 心　　○ 肝　　○ 脾　　○ 肺

2. (多选题)肝主疏泄，肝脏被称为人体的解毒器官，进入人体的食物和药物都要在肝脏进行合成与代谢。小明脸色发黄，肝不太好，你会建议他适当吃一些什么食物？

○ 哈密瓜　　○ 芦笋　　○ 红薯　　○ 芥(jiè)蓝

在正确答案前的圆圈中打勾 ✓

3.因为酸性的食物可以滋养肝脏，对肝脏的修复以及肝细胞的再生能够起到一定的作用，所以我们应该大量进食酸性食物。这种说法正确吗？

○ 正确　　○ 不正确

我是小神农

仔细观察，勾选出老师在本课中讲的药材。

yì yǐ
○ 薏苡仁

○ 麦芽

做一做　劳动技能

厨房里的小妙招

薏苡仁赤小豆粥

薏苡仁健脾开胃、补中益气、利水渗湿，可以调节因气血亏虚导致的头晕头痛。来学一学制作美味可口的薏苡仁赤小豆粥吧。

制作方法

原料：

薏苡仁50克，赤小豆20克，糯米100克，红糖适量。

做法：

1.将薏苡仁、糯米、赤小豆分别淘洗干净，用清水浸泡4小时，捞出沥干。

2.把薏苡仁、糯米、赤小豆一起放入锅内，倒入适量（约800毫升）清水，用大火煮开后转至小火，熬至米粒糊化成粥，即可盛出食用，依照个人口味偏好可加红糖。

家校共育

学习收获

____

____

成果展示

留个纪念吧

家长评语（孩子的表现可以打几星呢?）

☆☆☆☆☆

答案解析 √

1.在中医养生理论中，有“五色五味养五脏”的说法，你知道青色（绿色）与酸味对应哪个脏腑吗？ 肝√

中医认为，青（绿）色属木，青（绿）色和酸味入肝，多具有清热解毒、养肝明目、平肝潜阳的作用，利于胆、面色、筋（包括肌腱(jiàn)、韧(rèn)带和筋膜）、目、指甲，利藏血、疏泄。青色食物有消除紧张情绪、镇静的作用，有助于减轻头痛、发热、晕厥(jué)、失眠的症状。酸味食物能开胃，增强肝功能，常见的青色养肝食物有绿豆、青豆、青椒、猕(mí)猴桃、黄瓜、绿叶蔬菜、笋类、青梅、橄榄(gǎn lǎn)、青鱼等。

2.肝主疏泄，肝脏被称为人体的解毒器官，进入人体的食物和药物都要在肝脏进行合成与代谢。小明脸色发黄，肝不太好，你会建议他适当吃一些什么食物？ 芦笋√芥蓝√

中医认为青色入肝，青（绿）色食物有益肝气循环、疏泄，还能减缓疲劳、舒缓肝郁，多吃些青（绿）色的食物可起到养肝护肝的作用。

芦笋含有丰富的叶酸，叶酸能够促进细胞生长发育，能够改善肝脏功能，增强人体免疫力，尤其对于肝病患者，能起到一定的缓解病情的作用。

芥蓝口感清脆，苏东坡还曾写诗赞美它：“芥蓝如菌蕈(jùn xùn)，脆美牙颊响。”芥蓝中含有丰富的胡萝卜素和维生素C，能够降低胆固醇(chún)，增强肝脏解毒功能，健脾护肝，对肝病患者、心脑血管疾病患者都有益。

3.因为酸性的食物可以滋养肝，对肝脏的修复以及肝细胞的再生能够起到一定的作用，所以我们应该大量进食酸性食物。这种说法正确吗？ 不正确√

《素问·生气通天论》说："味过于酸，肝气以津，脾气乃绝。"意思是过多食用酸味的食物，会导致肝气太盛，那么脾气就要衰竭。《素问·五脏生成》曰："多食酸，则肉胝(zhī)䐢(zhù)而唇揭。"意思是过多食用酸味的食物，会使肌肉变厚皱缩，而嘴唇也会掀起。所以说，吃过多的酸味食物会引起肝气偏盛，克犯脾胃，导致脾胃功能失调。而脾主肌肉，其华在唇，这就是"多食酸，则肉胝䐢而唇揭"的原因。

万物相生相克，五味浓淡相宜能调养五脏，可若过偏过盛，则会顾此失彼，打乱五脏之间的平衡。

薏苡仁

薏苡仁为禾本科植物薏苡的干燥成熟种仁。秋季果实成熟时采割(gē)植株，晒干，打下果实，再晒干，除去外壳、黄褐色种皮和杂质，收集种仁。薏苡仁呈宽卵形或长椭圆形，表面乳白色，光滑，偶有残存的黄褐色种皮。一端钝圆，另一端较宽而微凹，有一个淡棕色点状种脐。背面圆凸(tū)，腹面有一条较宽而深的纵沟。质坚实，断面呈白色，粉性。

薏苡仁味微甜，性凉，归脾、胃、肺经，具有利水渗湿、健脾止泻、除痹(bì)、排脓、解毒散结的作用。薏苡仁也是一种常见的杂粮，经常用来煮粥，薏苡仁赤小豆粥就是一道既美味又有很好除湿效果的日常养生粥。

赤与苦应心

学习目标

“五色入五脏”理论出自中医经典著作《黄帝内经》。古人认为，自然界的各种事物和现象，都可以通过木、火、土、金、水五行联系起来，所以便有了酸味、青色入肝，苦味、赤色入心，甘味、黄色入脾，辛味、白色入肺，咸味、黑色入肾的说法。

知识点摘要

赤色属五行中的“火”，在五脏上对应心。心主血脉，主神志。红色食物能增强心气，提高人体细胞的活性。多吃红色食物有补血、生血、补阳的功效，还能预防感冒。

动手动脑

在正确答案前的圆圈中打勾

1.在中医养生理论中，有“五色五味养五脏”的说法，你知道赤色(红色)与苦味对应哪个脏腑吗?

○ 心　○ 肝　○ 脾　○ 肺

2.小明到了夏天容易上火，下列哪一道菜适合他吃?

○ 宫保鸡丁　○ 鱼香肉丝

○ 清炒苦瓜　○ 红焖(mèn)羊肉

在正确答案前的圆圈中打勾 ✓

3.因为“苦味养心”“苦味清热”，所以我们应该吃大量苦味的食物，这种说法正确吗？

○ 正确　　○ 不正确

我是小神农

仔细观察，勾选出老师在本课中讲的药材。

○ 酸枣仁

○ 芡（qiàn）实

劳动技能

做一做 # 厨房里的小妙招

西红柿炒鸡蛋

作为“红色食物”，西红柿中的抗氧化剂番茄红素具有多种保健功效。西红柿可以生津止渴、健胃消食。快来学习这道简单的西红柿炒鸡蛋吧。

制作方法

原料：

西红柿2个，鸡蛋3个，食用油、生抽、盐适量。

做法：

1. 西红柿洗净切块，鸡蛋打碎搅拌成鸡蛋液。
2. 起锅烧油，倒入鸡蛋液。
3. 鸡蛋半熟时倒入西红柿，倒入生抽、盐，少许水，搅拌均匀后装盘。

学习收获

成果展示

“留个纪念吧”

家长评语（孩子的表现可以打几星呢?）

☆☆☆☆☆

答案解析 ✓

1.在中医养生理论中，有“五色五味养五脏”的说法，你知道赤色（红色）与苦味对应哪个脏腑吗？心 ✓

中医认为：心属火，红色和苦味入心。红色多具有增加肾上腺(xiàn)素分泌、增强血液循环、促使神经系统兴奋的作用。苦味食物多具有清热泻火的作用。所以，中医提倡(chàng)在夏天适当吃一些苦味食物，有利于身体健康。

2.小明到了夏天容易上火，下列哪一道菜适合他吃？清炒苦瓜 ✓

苦瓜是夏天比较适合我们吃的一种苦味蔬菜。苦瓜性寒，具有除热、明目、清心的作用。有胃火、心火、肝热的相关症状都可以吃一点苦瓜，比如嗓子疼、口气重、大便干、长痤(cuó)疮等。

3.因为“苦味养心”“苦味清热”，所以我们应该吃大量苦味的食物，这种说法正确吗？不正确 ✓

《黄帝内经》中说：“多食苦，则皮槁(gǎo)而毛拔。”苦味入心，心火能克肺金，肺主皮毛，苦味的东西吃多了，肺气被耗(hào)伤，则皮毛失荣，皮肤枯槁，毛发容易脱落。所以，对于心火旺的人来说，适当吃一些苦味食物会有一定的帮助，但是如果苦味吃得太多，也会对人体造成不良的影响，所以在吃苦味食物的时候，应当适当的控制，多吃对身体也是无益的。

酸枣仁

酸枣仁，为鼠李科植物酸枣的干燥成熟种子，呈扁圆形或扁椭圆形，长5～9毫米，宽5～7毫米，厚约3毫米。表面呈紫红色或紫褐色，平滑有光泽，有的有裂纹。有的两面均呈圆隆(lóng)状突起；有的一面较平坦，中间或有一条隆起的纵线纹，另一面稍突起。一端凹陷(āo xiàn)，可见线形种脐，另一端有细小突起的合点，种皮较脆，胚乳(pēi rǔ)为白色。

酸枣仁味甘、酸，性平，具有养心补肝、宁心安神、敛汗的功效。

黄与甘应脾

学习目标

“五色入五脏”理论出自中医经典著作《黄帝内经》。古人认为，自然界的各种事物和现象，都可以通过木、火、土、金、水五行联系起来，所以便有了酸味、青色入肝，苦味、赤色入心，甘味、黄色入脾，辛味、白色入肺，咸味、黑色入肾的说法。

知识点摘要

黄色属五行中的“土”，在五脏上对应脾。黄色食物能增强脾脏之气，促进和调节新陈代谢。

脾不好的表现：大便不成形，容易腹泻或便秘；口干口臭，头发出油；形体发胖，容易浮肿。

黄色食物可以养脾胃，适量吃黄色食物，如柠檬、香蕉、玉米、黄豆，都有益于脾胃健康，帮助脾主运化、主升清、主统血的功能。

动手动脑

在正确答案前的圆圈中打勾 ✓

1.在中医养生理论中，有“五色五味养五脏”的说法，你知道黄色与甘味（甜味）对应哪个脏腑吗？

○ 心　○ 肝　○ 脾　○ 肺

2.小兵脾胃虚弱，吃饭胃口不好，你可以建议他适当吃一些什么食物？

○ 小米粥　○ 冰激凌

○ 酸辣粉　○ 大闸（zhá）蟹

在正确答案前的圆圈中打勾 ✓

3.中医认为，甘味食物具有滋养、补脾、缓急、润燥的作用，所以我们可以大量吃冰激凌、糖果等甜味食物。你认为这种说法正确吗？

◯ 正确　　◯ 不正确

我是小神农

仔细观察，勾选出老师在本课中讲的药材。

紫苏

金银花

做一做 劳动技能

厨房里的小妙招

小米粥

黄色食物对应五行为土，入脾，有固护脾胃的作用。生活中你认识哪些健脾养胃的食物呢？

小米粥就是很好的健脾食物，来学着做一做吧。

制作方法

原料：

小米200克。

做法：

1. 小米洗净泡水备用 。
2. 锅中烧水至开，倒入洗好的小米。
3. 开锅15分钟后调小火慢煮，待小米粥黏稠(chóu)即可关火。

家校共育

学习收获

____

____

成果展示

留个纪念吧

家长评语（孩子的表现可以打几星呢？）

☆☆☆☆☆

答案解析

1.在中医养生理论中，有“五色五味养五脏”的说法，你知道黄色与甘味（甜味）对应哪个脏腑吗？ 脾 ✓

中医认为，黄色对应脾，甘味入脾。黄色食物入脾，能促进新陈代谢；甘味食物具有滋养、补脾、缓急、润燥的作用，能帮助脾更好的实现运化水谷的功能。

2.小兵脾胃虚弱，吃饭胃口不好，你可以建议他适当吃一些什么食物？ 小米粥 ✓

中医认为，黄色入脾，小米是非常适合补益脾胃的食物，《本草纲目》中记载，小米“治反胃热痢(lì)，煮粥食，益丹田，补虚损，开肠胃”。

经常有胃灼热、反胃、呕吐的人，适合喝小米粥以润养脾胃。小米中富含碳(tàn)水化合物、蛋白质、氨基酸和矿物质，坚持食用，能缓解脾胃不和、脾虚久泻和积食等症。

3.中医认为，甘味食物具有滋养、补脾、缓急、润燥的作用，所以我们可以大量吃冰激凌、糖果等甜味食品。你认为这种说法正确吗？ 不正确 ✓

中医认为，甘味食物具有滋养、补脾、缓急、润燥、帮助脾运化的作用。但是，“味过于甘，脾气不濡(rú)，胃气乃厚”，不濡就是不濡润，厚指胀满，也就是胃气不畅。甘味本来入脾补脾，甘味太过，反而伤脾，使脾不能濡润，胃气阻滞而出现脘腹胀满的症状。所以，甜食虽好，却不能过度进食，特别是糖果、冰激凌这类甜食，吃太多不但容易损伤脾胃，还会损坏牙齿、导致肥胖，严重的甚至引发糖尿病。

金银花

金银花为忍冬科忍冬属植物忍冬的干燥花蕾或带初开的花。金银花花蕾呈细棒槌状，上粗下细，略弯曲，长2～3厘米，上部直径约3毫米，下部直径约1.5毫米。表面呈黄白色或绿白色(贮久后色渐深)，密被短柔毛，偶见叶状苞片。花萼绿色，先端5裂，裂片有毛，长约2毫米，开花时花冠呈筒状，雄蕊5个，黄色，雌蕊1个。

金银花气清香，味甘、淡、微苦，性寒，具有疏散风热、清热解毒之功效，主治外感风热或温病发热、中暑、热毒血痢、痈肿疔疮、喉痹等感染性疾病。

白与辛应肺

学习目标

“五色入五脏”理论出自中医经典著作《黄帝内经》。古人认为，自然界的各种事物和现象，都可以通过木、火、土、金、水五行联系起来，所以便有了酸味、青色入肝，苦味、赤色入心，甘味、黄色入脾，辛味、白色入肺，咸味、黑色入肾的说法。

知识点摘要

白色属于五行中的“金”，在五脏上对应肺，白色养肺。肺主要管呼吸，因为很容易被外邪入侵，所以被称为“娇脏”。

肺不好的表现：咳嗽，胸痛，胸闷，呼吸困难，脸色发白。养肺的白色食物有银耳、梨、百合、山药等。保持良好的运动习惯，可以有效提升肺的功能，保持健康。

动手动脑

在正确答案前的圆圈中打勾 ✓

1.在中医养生理论中，有“五色五味养五脏”的说法，你知道白色与辛味对应哪个脏腑吗？

○ 心　○ 肝　○ 脾　○ 肺

2.(多选题)秋天气候比较干燥，人们应该吃一些滋阴润肺的食物。下列哪些食物适合这个季节食用？

○ 雪梨　○ 百合

○ 银耳　○ 雪糕

在正确答案前的圆圈中打勾

3.(多选题)四川人爱吃麻辣的饮食习惯主要是因为当地“湿气重”的气候和地理因素而形成的，这体现了辛味食物的哪些特点？

○ 开胃　○ 健脾　○ 发散　○ 行气

我是小神农

仔细观察，勾选出老师在本课中讲的药材。

○ 玉竹

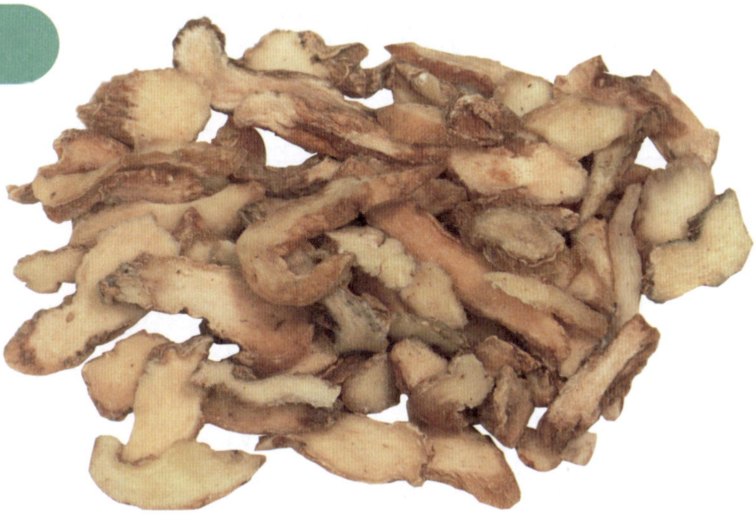

○ 当归

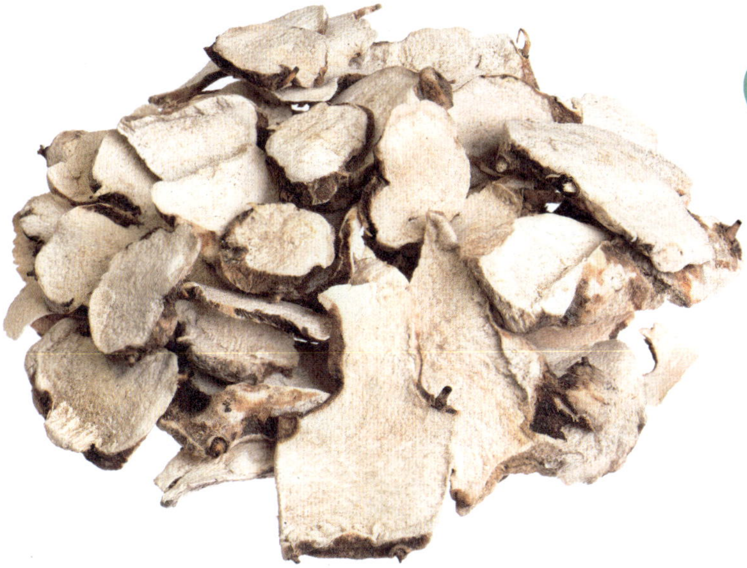

做一做 劳动技能

厨房里的小妙招

萝卜豆腐汤

我们身边有很多生津润肺的食物，你认识多少这样的食物呢？豆腐有清肺热、止咳化痰之功效。萝卜也可清热生津、化痰止咳。萝卜豆腐汤就是不错的养肺佳肴，来学着做一下吧。

制作方法

原料：

白萝卜半个，嫩豆腐200克，盐、鸡精、白胡椒(jiāo)粉、香葱碎、虾皮适量。

做法：

1.白萝卜去皮、切成丝，嫩豆腐切成块。

2.锅中倒入适量的水，放入白萝卜煮至软烂后放入豆腐。

3.锅中放入1勺盐、少许鸡精、少许白胡椒粉调味，然后将香葱碎、虾皮放入锅中，再次煮开即可关火。

家校共育

学习收获

成果展示

留个纪念吧

家长评语（孩子的表现可以打几星呢?）

☆☆☆☆☆

答案解析

1.在中医养生理论中，有“五色五味养五脏”的说法，你知道白色与辛味对应哪个脏腑吗？ 肺✓

肺属金，白色和辛味入肺。中医认为，辛味药入肺，可发散、行气、活血，刺激胃肠蠕(rú)动，增加消化液的分泌(mì)，还能促进血液循环和机体代谢，如紫苏、薄荷、藿(huò)香、陈皮等药就具有祛(qū)风解表或理气和中等作用。白色在五行中属金，入肺，利于肺气。白色食物如银耳、百合、莲子等具有补肺益气、润肺养阴的功效。

2.秋天气候比较干燥，人们应该吃一些滋阴润肺的食物。下列哪些食物适合这个季节食用？ 雪梨✓ 银耳✓ 百合✓

在秋天，肺最容易受到伤害。白色食物可以养肺，所以初秋养肺可以适当多吃白色食物。

梨自古被尊为“百果之宗”，有润肺、止咳、消痰、降火等作用。在秋季，若因气候过度干燥，继而出现口渴、便秘、干咳等，或因内热导致烦渴、咳喘及痰黄等症状，可适当吃一些梨。

银耳有“菌中之冠”的美称，性平，味甘、淡。银耳既是很好的营养滋补佳品，又是扶正强壮的中药材。同为白色食物，银耳性更平和，比雪梨更适合体寒或肠胃不好的人，同时又有益气清肠的作用。

百合甘凉清润，入心和肺，适当食用能起到清肺润燥的作用，还有止咳、清心、安神的功效。百合对于燥热咳嗽也有很好的疗效，所以经常燥热咳嗽、身体虚弱、心神不安的人群可以适当食用百合。

3.四川人爱吃麻辣的饮食习惯主要是因为当地“湿气重”的气候和地理因素而形成的，这体现了辛味食物的哪些特点？开胃✓发散✓行气✓

人与自然密切相关，饮食也要因地因时因人而宜。四川、湖北、湖南等地，雨量充沛，湿度较大，适当吃些辛辣食物，夏天可除湿，冬天可御寒。《黄帝内经》曰：“辛入肺，辛走气，气病无多食辛。”由此说明辛与肺、辛与气之间的密切关系。专家指出，日常生活中适当食用辛味食物能够祛湿气，这主要是因为辛味食物一方面有刺激食欲、健脾开胃的作用，另一方面也有发散、行气、活血的作用。

当归

当归为伞形科植物当归的干燥根。略呈圆柱形，下部有支根3～5条或更多，长15～25厘米。表面为黄棕色至棕褐色，具纵皱纹和横长皮孔样突起。根头(归头)直径1.5～4厘米，有环纹，上端圆钝，或具数个明显突出的根茎痕，有紫色或黄绿色的茎和叶鞘(qiào)的残基；主根(归身)表面凹凸不平；支根(归尾)直径0.3～1厘米，上粗下细，多扭曲，有少数须根痕。质柔韧，断面呈黄白色或淡黄棕色，皮部厚，有裂隙(xì)，木部色较淡，形成黄棕色层环。

当归有浓郁的香气，味甘、辛、微苦，具有补血活血、调经止痛、润肠通便之功效。常用于治疗血虚萎黄、眩(xuàn)晕心悸、月经不调、虚寒腹痛、风湿痹痛、肠燥便秘等。

黑与咸应肾

学习目标

“五色入五脏”理论出自中医经典著作《黄帝内经》。古人认为，自然界的各种事物和现象，都可以通过木、火、土、金、水五行联系起来，所以便有了酸味、青色入肝，苦味、赤色入心，甘味、黄色入脾，辛味、白色入肺，咸味、黑色入肾的说法。

知识点摘要

黑色属五行中的“水”，在五脏上对应肾，黑色养肾。黑色食物能增强肾脏之气，可美容养颜、抗衰老、防癌(ái)等，对生殖、排泄系统很有好处。

肾不好的表现：容易水肿、脱发，腰酸、疲乏无力，睡眠差，女性月经量少。常吃黑色食物可以补肾，如桑椹(shèn)、木耳、黑豆、黑芝麻等。

动手动脑

在正确答案前的圆圈中打勾 ✓

1.在中医养生理论中，有“五色五味养五脏”的说法，你知道黑色与咸味对应哪个脏腑吗？

○ 心　○ 肝　○ 脾　○ 肾

2.(多选题) 中医认为“五色食物补五脏”，你知道下列哪些食物能补肾吗？

○ 黑豆　○ 黑桑椹

○ 萝卜　○ 白菜

在正确答案前的圆圈中打勾

3.(多选题)中医认为咸味入肾,咸味能软坚润下,可增强体力和食欲。但是,长期吃太咸的食物,也会对身体造成伤害,主要体现在哪些方面?

○ 影响食欲　○ 影响儿童骨骼发育

○ 造成血液黏稠

我是小神农

仔细观察，勾选出老师在本课中讲的药材。

○ 藿香

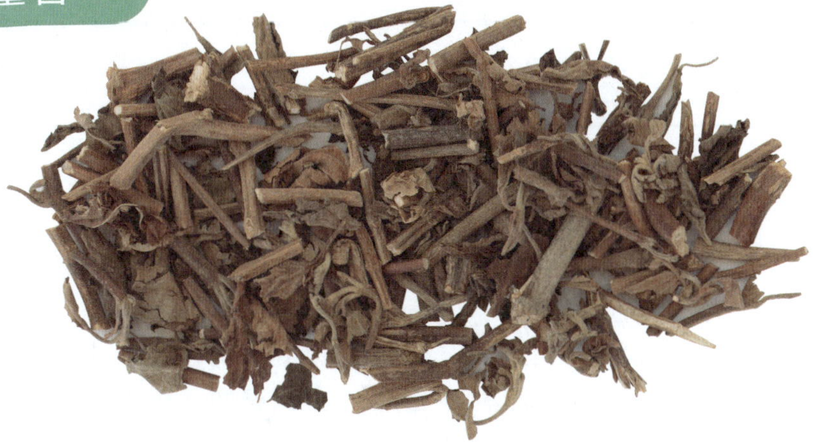

○ 砂仁

做一做 劳动技能

厨房里的小妙招

桑椹

黑色食物有滋阴益肾的作用，黑色对应五行中的水，对应五脏中的肾脏，你知道哪些补肾益肾的黑色食物呢？

桑椹就是典型的黑色滋阴补血的食物，适合全家共享。由于桑椹表面凹凸不平，很难将缝隙里的脏东西洗干净，今天我们就来学学洗桑椹的小妙招吧。

清洗方法

用淡盐水清洗桑椹。

清洗桑椹时，可在盆中放入适量水，加入少量食盐，稀释成淡盐水，然后将要清洗的桑椹放入淡盐水中，顺时针搅拌片刻，再将其在淡盐水中浸泡15分钟，取出，用清水冲洗即可。

家校共育

学习收获

____

____

成果展示

留个纪念吧

家长评语（孩子的表现可以打几星呢?）

☆☆☆☆☆

答案解析

1.在中医养生理论中，有“五色五味养五脏”的说法，你知道黑色与咸味对应哪个脏腑吗？ 肾✓

肾属水，黑色和咸味入肾。咸味食物有软坚润下的作用，也可调节人体细胞和血浆渗透压平衡(héng)及水盐代谢，可增强体力和食欲。在呕吐、腹泻及大汗后，适当喝点淡盐水，可防止体内微量元素的缺失。黑色食物可明显减少动脉硬化、冠心病、脑中风等严重疾病的发生率，对流感、慢性肝炎、肾病、贫血、脱发等均有较好的疗效。常见的黑色养肾食物有黑芝麻、黑豆、黑木耳、紫菜、黑桑椹、茄子、香菇、海参等。

2.中医认为“五色食物补五脏”，你知道下列哪些食物能补肾吗？黑豆✓ 黑桑椹✓

中医认为黑色属水，肾主水，黑色入肾，常见的黑色食物有黑米、黑荞麦、黑豆、黑芝麻、黑木耳、黑桑椹等。

肾虚的人食用黑豆可以祛风除热、调中下气、解毒利尿，可以缓解尿频、腰酸等症状。《本草纲目》说：“黑豆入肾功多，故能治水、消胀、下气、制风热而活血解毒。”黑桑椹是人们常吃的水果，被称为“民间圣果”。中医认为桑椹味甘、酸，性微寒，入心、肝、肾经，具有补血滋阴、生津润燥和护肝补肾作用。故肾虚之人，尤其是肾阴不足者，食之最宜。

3.中医认为咸味入肾，咸味能软坚润下，可增强体力和食欲。但是，长期吃太咸的食物，也会对身体造成伤害，主要体现在哪些方面？ 影响儿童骨骼发育√ 造成血液黏稠√

《黄帝内经·素问》里提到“多食咸，则脉凝泣而变色”。意思是咸味的食物吃太多，会使血脉流行凝涩(sè)不畅，并且色泽会发生变化。《中国居民膳食指南》中讲到，每人每日食盐的摄入量，应保持在6克以内，高血压患者应保持在4克以内。一旦摄入过多盐分，会使人体内钠元素超标，使血液更加黏稠，进而导致血压升高。而且长期吃得太咸，还会影响骨骼生长。因为钠(nà)与钙(gài)同属矿物质，经过肾脏时，钠质会较钙质优先被身体回收再利用，故摄取太多钠元素，会间接导致更多钙通过尿液流失，影响骨骼发育。

藿香

藿香为唇(chún)形科多年生草本植物广藿香或藿香的地上部分，茎直立，高0.5~1.5米，四棱形。轮伞花序多花，花萼为管状倒圆锥形，花冠呈淡紫蓝色，雄蕊伸出花冠，花丝细，扁平，无毛。花柱与雄蕊近等长，丝状，先端相等的2裂。花盘厚，呈环状，子房裂片顶部具绒毛。成熟小坚果为卵状长圆形，长约1.8毫米，宽约1.1毫米，腹面具棱，先端具短硬毛，呈褐色。

藿香味辛，性温，用于湿阻脾胃、脘腹胀满、湿温初起、呕吐、泄泻、暑湿、发热恶寒、胸腹满闷等症。

节气养生原则

学习目标

本课通过了解因时制宜的养生原则，以认识随着节气变化调整饮食、作息等生活习惯的重要性。

知识点摘要

要想获得更健康的身心状态，有因时、因地、因人三个重要因素，其中养生要因时制宜告诉我们要顺应自然变化规律而生活。

动手动脑

在正确答案前的圆圈中打勾 ✓

1.(多选题)《黄帝内经》告诉我们的养生原则有哪些?

○ 食饮有节　　○ 起居有常

○ 不妄(wàng)作劳　　○ 大吃大喝

2.(多选题)《黄帝内经》中的哪两句话告诉我们,养生之道要顺应天地环境的变化?

○ 法于阴阳　　○ 和于术数　　○ 食饮有节

在正确答案前的圆圈中打勾 ✓

3.节气养生的理论在《黄帝内经》的哪一篇中有详细论述?

○《气交变大论》　○《四气调神大论》

○《六元正纪大论》

4.节气养生属于“三因制宜”中的哪一个?

○ 因时制宜　○ 因地制宜

○ 因人制宜

我是小神农

仔细观察，勾选出老师在本课中讲的药材。

○ 芦根

○ 玉竹

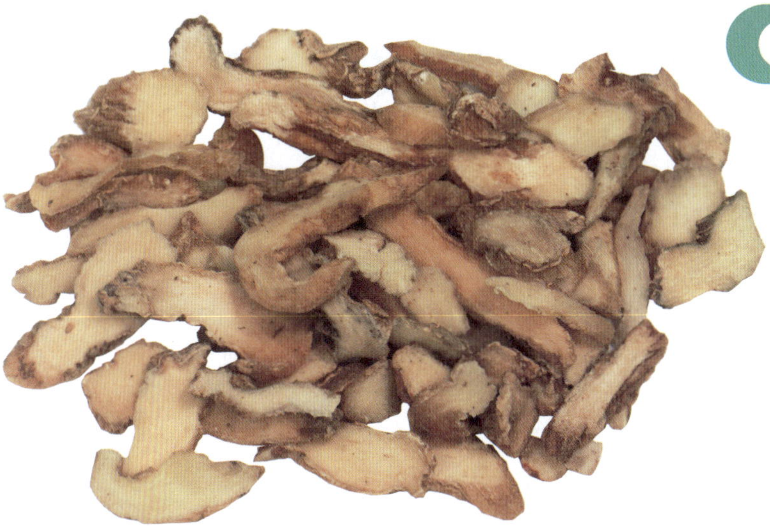

尝一尝 食疗养生学一学

玉竹茶

玉竹富含维生素A类物质和黏液质，维生素A有使皮肤柔嫩细腻而滑润的功效。近年来研究证明玉竹具有降血脂、强心、抗衰老之功，亦逐渐被人们所认识和应用。

让我们来学习做一杯玉竹茶吧！

制作方法

原料：

玉竹10克。

做法：

1.将玉竹略微冲洗。

2. 将冲洗后的玉竹放入杯中，热水冲泡代茶饮即可，可反复冲泡2~3次。

家校共育

学习收获

成果展示

留个纪念吧

家长评语（孩子的表现可以打几星呢？）

答案解析

1.《黄帝内经》告诉我们的养生原则有哪些？ 食饮有节 ✓ 起居有常 ✓ 不妄作劳 ✓

两千多年前《黄帝内经》就告诉我们：珍视生命，正确养生，有利于我们健康长寿。

同时，它提出“法于阴阳，和于术数，食饮有节，起居有常，不妄作劳”的养生原则。这个养生原则，经过了两千多年的实践验证，至今依然有着重要的指导意义。

2.《黄帝内经》中的哪两句话告诉我们，养生之道要顺应天地环境的变化？ 法于阴阳 ✓ 和于术数 ✓

“法于阴阳”说的是人要按照自然界的变化规律而起居生活，随四季的变化而适时增减衣被等。“和于术数”说的是人要根据正确的养生保健方法进行调养锻炼，如心理平衡、合理饮食、生活规律、戒(jiè)烟限酒、适量运动、不过度劳累等。这两句话告诉我们，养生之道要顺应天地环境的变化。

3.节气养生的理论在《黄帝内经》的哪一篇中有详细论述？ 《四气调神大论》✓

《黄帝内经》是我国现存最早的经典医学巨著，其中的《四气调神大论》篇依据四时气象本于天，将调摄(shè)之法用于人，体现了天人合一、人法自然的养生之道，是节气养生的理论基础。在日常生活中，人们只有谨(jǐn)守“效法自然，顺应四时”之宗旨(zhǐ)，才能达到身心健康的目的。

4.节气养生属于“三因制宜”中的哪一个？ 因时制宜✓

中医养生的“三因制宜”，就是运用中医的基本理论，遵循时令节气的变化规律，区别对待区域方位状况以及人的个体差异，有针对性地进行养生活动的原则。“因时”养生原则要求人们根据一年四季的季节特点、一日之中的时辰更迭、太阳的东升西落，以及月亮的圆缺规律等，“以时为序”进行养生保健活动。所以，节气养生属于“因时制宜”。

玉竹

玉竹为百合科植物玉竹的干燥根茎。干燥的根茎呈长圆柱形，略扁，少有分枝，长4～18厘米，直径0.3～1.6厘米。表面呈黄白色或淡黄棕色，半透明，具纵皱纹和微隆起的环节，有白色圆点状的须根痕和圆盘状茎痕。质硬而脆或稍软，易折断，断面角质样或显颗粒性。常见的饮片为不规则厚片或段，外表皮呈黄白色至淡黄棕色，半透明，有时可见环节。

玉竹气微，味甘，嚼之发黏，具有养阴润燥、生津止渴之功效，常用于治疗肺胃阴伤、燥热咳嗽、咽干口渴、内热消渴等症。

从立春到春分

学习目标

二十四节气，是中国人通过观察太阳周年运动而形成的时间知识体系，在黄河流域(yù)形成后，作为农耕社会的生产生活时间指南逐步推广。由此产生的大量节气文化和养生文化，也逐渐成为中华民族传统文化的重要组成部分。其中很多传统养生智慧在现代社会依然对人体健康有着积极的指导意义。本节课我们主要学习立春、雨水、惊蛰(zhé)、春分四个节气与健康的关系。

知识点摘要

立春是二十四节气之首，寓意春天的开始。春季是人体阳气升发的季节，应多吃一些辛甘发散性质的食物，民间有“咬春”的习俗。

雨水节气，是全年寒潮出现较多的节气，容易出现“倒春寒”的现象，民间素有“春捂秋冻”之说。孙思邈在《备急千金要方》中提到，春时衣着宜“下厚上薄”，注意下半身保暖。

惊蛰节气，天气回暖，各种动植物都开始活动与生长。此时也是细菌病毒大量繁殖传播的时候，要更加注意预防传染性疾病如流行性感冒。

春分是一年中阴阳平衡、昼夜均等、寒温各半的时期。要注重维护人体阴阳平衡，让人体的阳气顺应自然向上升发。

动手动脑

立春

在正确答案前的圆圈中打勾 ✓

1.在立春这天，很多地区都有“咬春”的习俗。“咬春”时，适当吃一些韭菜，有助于人体阳气升发。你知道，春季与哪个脏腑相对应吗？

○ 心　　○ 肝　　○ 肾　　○ 肺

2.（多选题）雨水节气养生应该注意哪些事项？

○ 注意穿衣保暖　　○ 避免寒凉食物　　○ 多吃牛羊肉

惊蛰

在正确答案前的圆圈中打勾 ✓

3.惊蛰节气要重点预防哪种疾病的发生？

○ 流感　　○ 牙痛　　○ 扁桃体发炎

4.春分节气养生的关键词是哪个？

○ 进补　　○ 减重　　○ 平衡

我是小神农

仔细观察，勾选出老师在本课中讲的药材。

○ 栀子

○ 陈皮

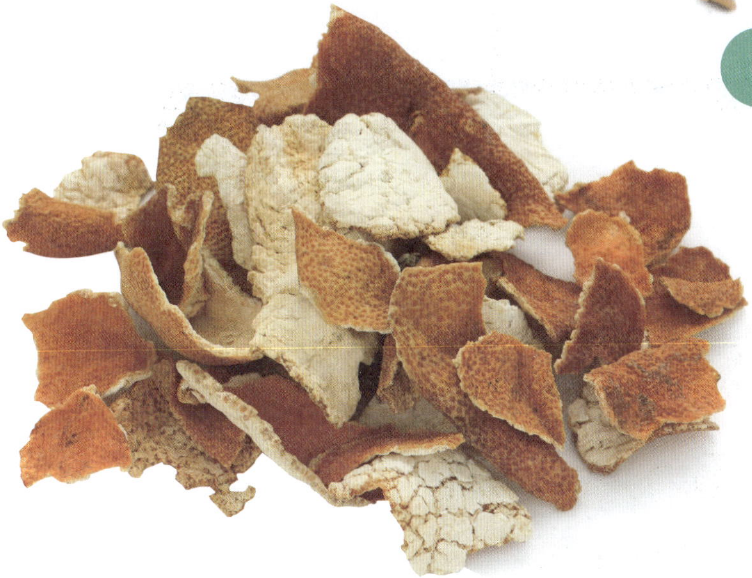

劳动技能

尝一尝 食疗养生学一学

栀子茶

栀子可用于治疗热病心烦、湿热黄疸、血热吐衄(nǜ)等症。现代研究证实，栀子含栀子素、栀子苷(gān)、去羟(qiǎng)栀子苷、藏红花素、藏红花酸、熊果酸等。栀子茶偏药用，如果出现燥热烦闷的情况，可以适量饮用。

制作方法

原料：

栀子3~4颗。

做法：

1.将栀子略微冲洗。

2.将冲洗后的栀子置入杯中，热水冲泡即可。

家校共育

学习收获

成果展示

留个纪念吧

家长评语（孩子的表现可以打几星呢？）

☆☆☆☆☆

答案解析

1.在立春这天，很多地区都有“咬春”的习俗。“咬春”时，适当吃一些韭菜，有助于人体阳气升发。你知道，春季与哪个脏腑相对应吗？ 肝✓

春属木，根据五行与五脏的对应关系，肝又对应木。因此春季养生，应以养肝为主。春季养肝，在饮食上，要选甘、辛、温之品，清淡可口，尽量不要吃太油腻、生冷、黏硬的食物。

2.雨水节气养生应该注意哪些事项？ 注意穿衣保暖✓ 避免寒凉食物✓

雨水时节，天气乍(zhà)暖还寒，地湿之气渐升，晨间常有露、霜出现；早晚凉，午时暖，一天之内气温变化剧烈。因此，雨水前后必须注意保暖。俗话说“春捂秋冻”，不要过早脱下棉衣，切忌受凉。

同时，春寒料峭(qiào)，随着降水的增多，寒湿之邪极易困扰脾，故应当多食用健脾利湿的食物，少食生冷寒凉食物，以顾护脾胃阳气。

3.惊蛰节气要重点预防哪种疾病的发生？ 流感✓

阳春三月，特别是惊蛰节气以后，天地俱生，万物以荣，大地一片生机，人们也在经过一个冬天的蛰伏后开始频繁活动。随着气温的升高，细菌、病毒也开始大量繁殖，因此，春天是流感、流脑、水痘、带状疱疹等传染病的多发季节。对于流感，应以预防为主，适量增减衣物，体弱者少去公共场所，保持室内通风，中午可多晒晒太阳，夜间娱乐要适度。

4.春分节气养生的关键词是哪个？ 平衡✓

春分节气是一年中阴阳平衡、昼夜等分、寒温各半的时期，所以这个时节非常适合我们调养生息。中医认为，春分节气养生重在平衡阴阳，可以通过调节情志、饮食等方式，使人体内环境与大自然的外环境保持一种相对平衡的状态。

栀子

栀子是茜草科植物栀子的果实，属原卫生部颁(bān)布的第一批药食两用资源。栀子呈卵形、近球形、椭圆形或长圆形，黄色或橙红色，长1.5~7厘米，直径1.2~2厘米，有翅状纵棱5~9条，顶部的宿存萼片长达4厘米，宽达6毫米；种子多数扁，近圆形而稍有棱角，长约3.5毫米，宽约3毫米。

栀子性味苦、寒，归心、肺、三焦经，具有清热泻火、凉血解毒、利胆退黄等作用。临床常用于治疗热病心烦、疮疡肿毒、湿热黄疸、淋证涩痛等病症。

从清明到小满

学习目标

本节课我们主要学习清明、谷雨、立夏、小满四个节气与健康的关系。

知识点摘要

清明，有天清地明之意，时至清明，阳气升发又开始呈现加速挺进的状态，为万物带来了更多“生”的能量。清明也是中国传统扫墓祭祖的节日。

谷雨，源自古人“雨生百谷”之说，是春季的最后一个节气。随着夏季的临近，南方等地多春雨绵绵，要保持室内清洁，避免微生物滋生，还要注意防风除湿。

人们习惯上把立夏当作温度明显升高、炎暑将至、雷雨增多的重要节气。夏天可以适当食用苦味食物，如苦瓜、苦菜、绿茶等，苦味食物可以降火祛湿，养心清热。

小满，意指夏熟作物的籽粒已经结果，开始灌(guàn)浆饱满，但还未成熟。小满也预示着闷热、潮湿的夏季即将来临。

动手动脑

在正确答案前的圆圈中打勾 ✓

1. (多选题)清明时节,我们应该适当增加一些什么食物?

○ 牛肉　○ 山药　○ 荠菜　○ 羊肉

2. 谷雨时节,我们重点应该注意预防哪种疾病?

○ 扁桃体发炎　○ 牙痛

○ 过敏性鼻炎　○ 胃病

在正确答案前的圆圈中打勾 ✓

3. 中医认为“暑易伤气”，你知道夏季与哪个脏腑相对应吗？

○ 心　○ 肝　○ 肾　○ 肺

4.进入小满后，气温不断升高，人们往往喜欢喝冷饮消暑降温，但喝冷饮过量会导致腹痛、腹泻等病症。有一种食物具有清利湿热的作用，是消暑的上佳饮品，你知道是什么吗？

○ 可乐　○ 橙汁　○ 绿豆汤　○ 矿泉水

我是小神农

仔细观察，勾选出老师在本课中讲的药材。

○ 麦芽

○ 砂仁

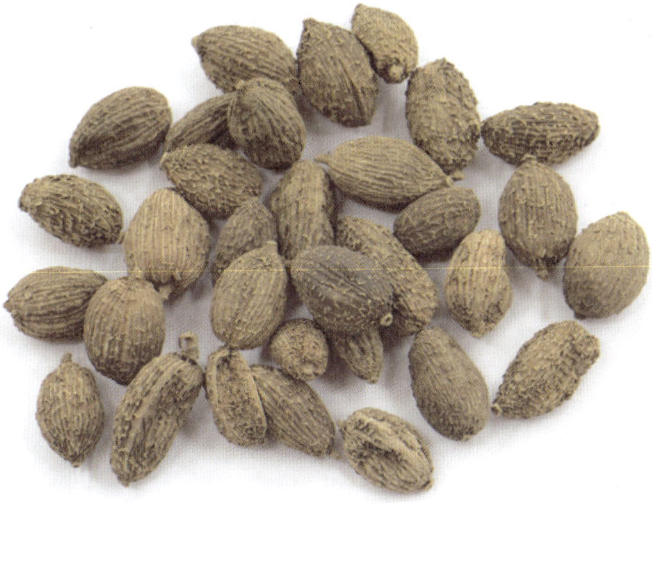

尝一尝 食疗养生学一学

麦芽山楂饮

麦芽、山楂有助于人体消化，如果积食了可以自己做一杯麦芽山楂饮。

制作方法

原料：

麦芽10克，山楂3克。

做法：

1.先将山楂切片与麦芽分别炒焦。

2.取炒麦芽、炒山楂,加水1碗，共煎15分钟，取汁。

3.加入红糖调味即可。

学习收获

____

____

成果展示

留个纪念吧

家长评语（孩子的表现可以打几星呢？）

☆☆☆☆☆

答案解析 ✓

1.清明时节，我们应该适当增加一些什么食物？山药✓ 荠菜✓

清明时节，有些地方还保留着清明禁火吃冷食的习惯，但是，有部分人群如脾胃虚寒者是不适合吃冷食的。清明时节饮食宜温，多进食蔬菜水果，尤其是时令蔬菜，可多吃些护肝养肺的食品，如荠菜、菠菜、山药，对身体有好处。

2.谷雨时节，我们重点应该注意预防哪种疾病？ 过敏性鼻炎✓

花粉过敏是春季高发的症状，各种花粉形成的漂浮物、空气中的粉尘都是潜在的过敏原。谷雨时节，杨花、柳絮(xù)漫天飞舞，是人们最易产生各种过敏症的时候。由于春天风大，空气中浮尘多，又飞扬着柳絮、花粉，容易导致过敏性鼻炎、过敏性哮喘等过敏性疾患，需要人们及时注意防范。特别要注意避免与过敏原接触，在饮食上减少高蛋白质、高热量食物的摄入，出现过敏反应及时到医院就诊。

3.中医认为“暑易伤气”，你知道夏季与哪个脏腑相对应吗？心✓

中医认为，夏季属火，又因火气通于心，所以夏季的炎热最易扰乱心神，引起胸闷心烦等症状。而心烦会使心跳加快，亦会加重心脏的负担，诱发疾病。

现代医学研究也发现，当气温超过33°C时，人体新陈代谢会显著提高，从而加重心脏的工作量。同时，天热，汗腺(xiàn)开张散热，汗出过多，血容量降低，血黏稠度增加，心脏泵(bèng)血时会更加吃力。夏季，心脏很容易劳累，其本身的营养供应又相对较差，一不小心就会出问题，因此，夏季养生重在养心。

4.进入小满后，气温不断升高，人们往往喜欢喝冷饮消暑降温，但喝冷饮过量会导致腹痛、腹泻等病症。有一种食物具有清利湿热的作用，是消暑的上佳饮品，你知道是什么吗？ 绿豆汤 √

小满，是夏季的第二个节气。小满时节我国大部分地区已经真正进入夏季，高温多雨、闷热潮湿是小满节气的气候特征。天气一热，有些人就喜欢吃雪糕喝冷饮，以此来降温解暑，殊不知本来天热脾胃功能就弱，过多地食用冷饮会给肠胃带来负担，还会增加体内的湿气。

此时，特别适合食用一种食物——绿豆。绿豆味甘，性寒，入心、胃经，有清热解毒、祛暑止渴之功效。适当喝一些绿豆汤有利于排毒、消肿，不过煮的时间不宜过长，以免使有机酸、维生素受到破坏而降低作用。

麦芽

麦芽为禾本科植物大麦的成熟果实经发芽干燥的炮制加工品，将麦粒用水浸泡后，保持适宜温度、湿度，待幼芽长至约5毫米时，晒干或低温干燥。麦芽呈梭形，长8～12毫米，直径3～4毫米。表面呈淡黄色，背面为外稃包围，有5脉，腹面为内稃(fú)包围。除去内外稃后，腹面有1条纵沟，基部胚根处生出幼芽和须根，幼芽长披针状条形，长约5毫米。须根数条，纤细而弯曲。质硬，断面呈白色，粉性。

麦芽气微，味微甘，用于治疗食积不消、脘腹胀痛、脾虚食少、肝郁胁痛、肝胃气痛等症。

从芒种到大暑

学习目标

本节课我们主要学习芒种、夏至、小暑、大暑四个节气与健康的关系。

知识点摘要

芒种，取义于“有芒的麦子快收，有芒的稻子可种”之语。“芒种”也称“忙种”，预示着农民开始了忙碌的田间生活。芒种时节湿气弥(mí)漫，应该经常开窗保持室内空气新鲜，有条件者可用空调抽湿。

夏至是北半球一年中白昼最长的一天，地表热量还在积累，并未达到最强，然而防暑降温已经提上日程。喝绿豆汤是夏季解暑常见的方法之一。中医学认为，绿豆味甘、性凉，无毒，有清热解毒、消暑除烦、止渴健胃、利水退肿等功效。

小暑节气，温度持续升高，三伏天随之而来，民间素有“夏练三伏”的说法。预防中暑，要合理安排作息时间，外出做好防暑措施，多喝凉盐开水、绿豆汤等。

大暑节气正值“中伏”前后，是一年中最热的时期，长时间使用空调容易使房间内空气流动性变差，导致微生物滋生，而室内外温差过大容易引发感冒，因此要注意减小室内外温差。

动手动脑

在正确答案前的圆圈中打勾

1.芒种节气有一款时令水果很适合这个季节食用，它被称为“民间圣果”，你知道是什么吗？

○ 橙子　○ 苹果　○ 桑椹　○ 桃子

2.夏至节气到来后，人们要注意休息，有一个习惯对身体保养十分有益，你知道是哪一个吗？

○ 长跑　○ 游泳　○ 睡午觉

在正确答案前的圆圈中打勾

3.夏天多暑多湿，饮食要清淡,便于消化，有一种食物很适合这个季节食用，你知道是什么吗？

○ 西瓜　○ 冰激凌　○ 荷叶粥　○ 八宝粥

4.在养生保健中常有“冬病夏治”的说法，你知道下列哪种方法属于“冬病夏治”吗？

○ 打疫苗　○ 贴三伏贴　○ 足疗　○ 拔罐

我是小神农

仔细观察，勾选出老师在本课中讲的药材。

○ 淡竹叶

○ 紫苏

劳动技能

做一做

厨房里的小妙招

紫苏鸡蛋饼

紫苏叶性味辛温,具有发表、散寒、理气、和中的功效,配合鸡蛋,营养美味。

制作方法

原料:

紫苏 50克，鸡蛋 2个，胡萝卜1根，淀粉 200克。

做法:

1. 将紫苏切碎。

2.把鸡蛋、淀粉、少许盐和胡萝卜末,一起搅成糊。

3.饼铛(chēng)刷油预热后,倒入搅拌好的面糊。

4.一面金黄后再翻面煎熟即可。

家校共育

学习收获

____

____

成果展示

留个纪念吧

家长评语（孩子的表现可以打几星呢？）

☆☆☆☆☆

答案解析 ✓

1.芒种节气有一款时令水果很适合这个季节食用，它被称为“民间圣果”，你知道是什么吗？　桑椹 ✓

桑椹含有大量维生素C、B、A以及钙、磷、铁、铜、锌等元素，特别对素食者、相对缺铁的人是最佳补铁食物。其果糖、胡萝卜素等含量也很高，特别是紫黑色水果，往往含有较高的花青素，具有很好的抗氧化、抗衰老功效。芒种时节吃桑椹算是应季又适宜。

2.夏至节气到来后，人们要注意休息，有一个习惯对身体保养十分有益，你知道是哪一个吗？ 睡午觉 ✓

过了夏至，就到了一年天气最热的时候——三伏天，故夏至的养生保健尤为关键。从五行来讲，夏季属火，对应五脏为心，心属火，所以中医认为“夏气与心气相通”。在夏季，心的阳气最旺，加之天气炎热，最易导致心烦易怒。

在此时节，起居调养应顺应自然界阳盛阴衰的变化，从这天开始，有条件的，一定要睡午觉。夏至一阴生，哪怕只是合上眼睛休息一会儿，也能达到较好的养阴效果。

3.夏天多暑多湿，饮食要清淡，便于消化，有一种食物很适合这个季节食用，你知道是什么吗？ 荷叶粥 ✓

中医认为，荷叶性平，味苦涩，有解暑热、清头目、止血之功效。现代科学也证明，荷叶中的荷叶碱（jiǎn）、莲碱，有清泻解热、降脂减肥及良好的降压作用。因此，荷叶粥或荷叶饭是夏天极佳的解暑食物。

4.在养生保健中常有“冬病夏治”的说法，你知道下列哪种方法属于“冬病夏治”吗？ 贴三伏贴✓

冬病夏治，主要是指冬季因为感受寒冷而引起病情发作或者是加重的疾病，在夏季时病情就会缓解，这时采取相应的调治与补养的方法，就可预防或者是以减少疾病的发作乃至根治为目的的一种反季节的自然疗法。冬病夏治是中医药传统疗法中的一颗明珠，起源于天人合一的医学理论与春夏养阳的养生原理。

“三伏贴”是根据中医理论，利用一年中气温最高、阳气最旺的三伏期间，采用有通经、祛(qū)寒等功效的中药来制作成贴敷膏药，在人体背部的穴位贴敷，从而达到防病治病的一种治疗手段。

紫苏

紫苏是唇形科紫苏属一年生草本植物，茎高0.3~2米，绿色或紫色，钝四棱形，具四槽，密被长柔毛。叶阔卵形或圆形，长7~13厘米，宽4.5~10厘米，先端短尖或突尖，侧脉7~8对，位于下部者稍靠近，斜上升。叶柄长3~5厘米，背腹扁平，密被长柔毛。轮伞花序2花，组成长1.5~15厘米、密被长柔毛、偏向一侧的顶生及腋生总状花序。苞片宽卵圆形或近圆形，长宽约4毫米，先端具短尖，外被红褐色腺点，无毛，边缘膜质。花梗长1.5毫米，密被柔毛。

紫苏可供药用和香料用，入药部分以茎叶及种子（果实）为主，叶为发汗、镇咳、芳香性健胃利尿剂，有镇痛、镇静、解毒作用，治感冒，梗有理气安胎之功，种子能镇咳、祛痰、平喘、提振情绪。叶可供食用，和肉类煮熟可增加后者的香味。种子榨出的油，名苏子油，供食用，有防腐作用，可供工业用。

从立秋到秋分

学习目标

本节课我们主要学习立秋、处暑、白露、秋分四个节气与健康的关系。

知识点摘要

立秋，意味着秋天的开始，虽然还有“秋老虎”的余威，但总体趋(qū)势是逐渐凉爽。民间素有“贴秋膘(biāo)”“立秋进补”的说法，立秋进补要看个人体质，不是所有人都需要进补。

处暑，“处”含有终止之意，表明暑天即将过去。处暑时节正值过敏高峰期，俗话说“秋天到，鼻炎闹”，应注意加强锻炼，防寒保暖，增强免疫力。

白露后，气温开始下降，天气转凉，俗话说“春捂秋冻”，秋冻不能简单地理解为少穿衣服，应该科学地“秋冻”。

秋分，又称“降分”，这一天日夜等长，又平分秋季。秋分后，天干物燥越发明显，防燥的重要性不断提升。可以适当食用一些富含维生素的食品，要早睡早起，以使机体津液充足、精力充沛。

动手动脑

在正确答案前的圆圈中打勾

1.“自古逢秋悲寂寥”表达了人们秋季容易伤悲的情绪，你知道秋季对应的脏腑是哪一个吗？

○ 心　○ 肝　○ 肾　○ 肺

2.（多选题）秋季养肺，你知道下列哪些食物具有养肺的作用吗？

○ 大蒜　○ 香葱　○ 雪梨　○ 百合

在正确答案前的圆圈中打勾 ✓

3.白露时节，秋燥伤人，有一味药材特别适合这个季节来煲汤喝，你知道是哪一个吗？

○ 人参 ○ 南沙参 ○ 葛根 ○ 桂皮

4.(多选题) 秋分节气养生要本着平衡阴阳的原则，下列哪些做法是正确的？

○ 经常熬夜 ○ 早睡早起 ○ 适当锻炼 ○ 悲天悯人

我是小神农

仔细观察，勾选出老师在本课中讲的药材。

○ 百合

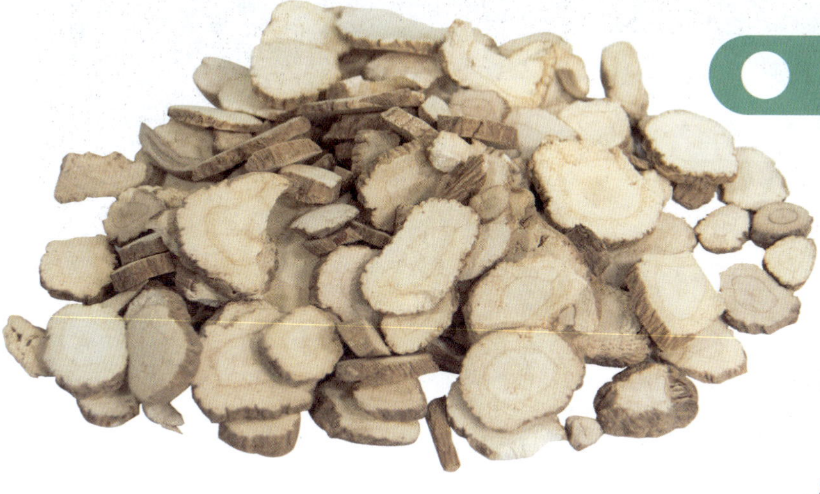

○ 白芷

尝一尝

食疗养生学一学

白芷菊花茶

白芷菊花茶有疏风清热、明目止痛的功效，来学一学吧。

制作方法

原料：

白芷5克，菊花5克。

做法：

1.将白芷捣碎、研为粗末，连同菊花置入茶壶或茶杯中，先用凉开水漂洗一次。

2.再冲入600毫升沸水，加盖焖泡5～10分钟即可饮用。

学习收获

成果展示

留个纪念吧

家长评语（孩子的表现可以打几星呢？）

☆☆☆☆☆

答案解析 √

1.“自古逢秋悲寂寥”表达了人们秋季容易伤悲的情绪，你知道秋季对应的脏腑是哪一个吗？肺√

秋季对应五脏中的肺，肺为相傅之官，主全身之气，司呼吸，朝百脉。肺喜润恶燥，肺燥则伤阴，肺气虚则萎靡(mí)不振。

2.秋季养肺，你知道下列哪些食物具有养肺的作用吗？ 雪梨√ 百合√

秋季容易出现燥邪伤肺，因此，可以食用一些生津润肺的食物，比如百合、银耳、雪梨、萝卜等，这样可以很好地保护肺。

中医认为，百合味甘、微苦，性微寒，入心、肺二经，为清补之品，具有养阴润肺、清心安神、解热利尿、止咳平喘的功效。

雪梨因为肉嫩白如雪而得名，是生活中常见的水果，含有丰富的苹果酸、柠檬酸和维生素等。雪梨性寒，也有着白色食物对肺的润养功效。因此常吃雪梨可以生津润燥、清热化痰。

3.白露时节，秋燥伤人，有一味药材特别适合这个季节来煲汤喝，你知道是哪一个吗？ 南沙参√

“白露秋分夜，一夜冷一夜”，白露过后，早晚温差加大更为明显，若不及时添加衣被，极易患上感冒。而支气管炎、哮喘、胃肠疾病等慢性病患者，此时也易发病或加重病情。

南沙参，味甘，性微寒，具有养阴清肺、化痰益气的作用。南沙参治疗慢性支气管炎、百日咳、肺结核有显著的疗效，除入药煎汤服用之外，还可以作为食材食用，常用于炖肉、煲汤，是一种既养肺阴又养胃阴的药材、食材。所以，这个季节用南沙参煲汤喝，是一个不错的选择。

4.秋分节气养生要本着平衡阴阳的原则，下列哪些做法是正确的？ 早睡早起 ✓ 适当锻炼✓

秋分是秋天重要的节气之一，秋分之后气温会出现大幅度的降低，所以秋分也预示着秋季的正式开始，而大家想要避免秋季生病，秋分时一定要注重养生。

秋分养生，最好进行适当的运动锻炼，比如慢跑、快走、太极、瑜伽等，这些都是秋季非常好的锻炼方法，可以强身健体、增强身体免疫力。

秋分养生还要养成良好的作息习惯，比如早睡早起、三餐规律，这样也有益于身体健康。

白芷

白芷为伞形科植物白芷或杭白芷的干燥根，呈长圆锥(zhuī)形，长10~25厘米，直径1.5～2.5厘米。表面呈灰棕色或黄棕色，根头部钝四棱形或近圆形，具纵皱纹、支根痕及皮孔样的横向突起，有的排列成四纵行。顶端有凹陷的茎痕。质坚实，断面呈白色或灰白色，粉性，形成层环棕色，近方形或近圆形，皮部散有多数棕色油点。

饮片炮制时用水洗净，浸泡，捞出润透，略晒至外皮无滑腻感时，再闷润后，将切片干燥。白芷有祛风散寒、通窍(qiào)止痛、消肿排脓等功效，主治风寒感冒、头痛、鼻炎、牙痛、赤白带下、痈疖(jiē)肿毒等症，亦可作香料。

从寒露到小雪

学习目标

本节课我们主要学习寒露、霜降、立冬、小雪四个节气与健康的关系。

知识点摘要

寒露是热与冷交替的秋季的开始。在秋天里，秋燥是让人烦恼的一件事。养生专家提出，应对秋燥的最佳饮食良方就是“朝朝盐水，晚晚蜜汤”。

民间有句谚(yàn)语“补冬不如补霜降”，认为比起冬天的进补，霜降时节的秋补会更有效果。补物常常选取秋天最肥硕(shuò)的鸭和鲜香的羊肉，煲汤时最好还要加上党参、当归、熟地黄和黄芪四味中药，各有益处。

立冬是进入冬季的第一个节气，中医讲究立冬补冬、立冬养藏、滋阴补阳，立冬养生应该温补养阳，少吃生冷，也不宜过燥。

小雪节气是冬季开始的标志，要防寒保暖，不宜过多消耗人体的能量，除了必须的劳动和活动外，不要过多剧烈运动等。同时要多吃些富有营养、热量较高、滋阴潜阳的食物来补益，如腰果、山药、黑木耳、核桃等。

动手动脑

在正确答案前的圆圈中打勾

1.寒露时节，我们在饮食方面需要特别注意的是什么？

○ 少吃辛辣　　○ 多吃西瓜　　○ 少吃红薯

2.(多选题)霜降时节，容易发生哪些疾病？

○ 慢性胃炎　　○ 扁桃体发炎

○ 肌肉拉伤　　○ 十二指肠溃疡

在正确答案前的圆圈中打勾

3.立冬是进入冬季的第一个节气，中医讲究立冬养生应该温补养阳，下面哪种食物适合这个季节食用？

○ 西瓜　○ 冰激凌　○ 萝卜炖羊肉　○ 可乐

4.（多选题）小雪节气前后，天气常阴冷晦暗。从中医角度来讲，体内循环正处于阴盛阳衰的阶段。这个时期，易发哪些疾病？

○ 牙痛　○ 心脏病　○ 脑血管病　○ 扁桃体发炎

我是小神农

仔细观察，勾选出老师在本课中讲的药材。

○ 蒲公英

○ 薄荷

做一做 劳动技能

厨房里的小妙招

suàn

蒜蓉蒲公英

蒲公英，有清热解毒的功效，有助于增强人体免疫功能，提高抗病防病能力。

制作方法

原料：

蒲公英500克，蒜蓉适量。

做法：

1.将蒲公英去杂质洗净，入沸水锅焯一下，捞出放入凉水中洗净，挤干水分，切碎放盘内。

2.撒上蒜蓉、麻油、精盐、味精，拌均即成。

家校共育

学习收获

成果展示

留个纪念吧

家长评语（孩子的表现可以打几星呢？）

☆☆☆☆☆

答案解析 √

1.寒露时节，我们在饮食方面需要特别注意的是什么？少吃辛辣 √

寒露时节，寒凉渐重，多见“凉燥”。如果调养不当，同“温燥”一样，“凉燥”也易伤人，表现为皮肤起皮脱屑(xiè)、毛发枯燥、头皮屑增多、口唇开裂、鼻喉干燥、大便干结等。为防“凉燥”，应不吃或少吃辛辣食品，多吃新鲜蔬菜和水果，如胡萝卜、藕、梨、柿子、柑橘、石榴、香蕉等，这些果蔬富含人体所需的多种营养物质，具有滋阴养肺、润燥生津的功效。

2.霜降时节，容易发生哪些疾病？慢性胃炎 √ 十二指肠溃疡 √

霜降节气，是秋天的最后一个节气，天气渐冷，人的进食欲望往往有所增加，控制不当，易导致胃病发生。此节气是慢性胃炎、胃溃疡、十二指肠溃疡发病的高峰期。

深秋及冬天气温较低，寒冷刺激使人的胃肠调节功能紊(wěn)乱，胃酸分泌增多，进而刺激胃、十二指肠黏膜。同时，寒冷还可造成胃肠自身缺血、缺氧，在多种因素的作用下，破坏胃肠黏膜的防御屏障，引起胃炎甚至消化性溃疡。

3.立冬是进入冬季的第一个节气，中医讲究立冬养生应该温补养阳，下面哪种食物适合这个季节食用？萝卜炖羊肉 √

立冬是进入冬季的第一个节气，中医讲究立冬补冬、立冬养藏、滋阴补阳。立冬养生应该温补养阳，少吃生冷，也不宜过燥。立冬的时候，萝卜炖羊肉是一道不错的食补菜肴。

羊肉自古就被列为冬季进补的重要食材之一。《本草纲目》里也有记载，羊肉补中气、益肾气。但羊肉吃多了，又容易上火，怎么办呢？传统的食材搭配里，炖羊肉就得搭配着白萝卜，一温热一清凉，一滋补一解腻，两种食材相辅相成，古人绝妙的养生智慧就藏在这家常的汤水里。

4.小雪节气前后，天气常阴冷晦暗。从中医角度来讲，体内循环正处于阴盛阳衰的阶段 。这个时期，易发哪些疾病？心脏病✓　脑血管病✓

小雪节气过后,天气会变得越来越冷,人们也更容易生病,特别是脑血管疾病和心脏病。

寒冷和劳累都可能造成血管突然收缩,导致供血受到阻碍,大脑很容易出现缺氧的情况，从而出现脑出血、脑栓(shuān)塞等问题。所以说,在冬季这样寒冷的天气下,要做好保暖措施,预防脑血管疾病的发生。

同样,因为天气太冷会导致人的血管收缩,血压升高,血管内血液供给缺乏,会造成心绞(jiǎo)痛等问题。所以,为了心脏的健康,冬日里要特别注意保护心脏,要留意温度的变化,及时添加衣物为自己保暖。

蒲公英

蒲公英别名黄花地丁、婆婆丁、华花郎等，为菊科蒲公英属多年生草本植物。根圆锥状,表面呈棕褐色,皱缩,叶边缘有时具波状齿或羽状深裂,叶柄及主脉常带红紫色,密被蛛丝状白色长柔毛,头状花序,长冠毛白色。

蒲公英全草均可入药，植物体中含有蒲公英醇、蒲公英素、胆碱、有机酸、菊糖等多种成分。蒲公英性味微苦、寒，归肝、胃经，有清热解毒、消肿散结、利尿通淋的功效。主治急性乳(rǔ)腺炎、淋巴结炎、疔毒疮肿、急性扁桃体炎、急性支气管炎、尿路感染等病症。蒲公英可生吃、炒食、做汤,是药食兼用的植物。

从大雪到大寒

学习目标

本节课我们主要学习大雪、冬至、小寒、大寒四个节气与健康的关系。

知识点摘要

大雪到来，风寒更盛，我们首先应该注意防范风寒邪的侵害。传统中医学认为，人体的头、脚这两个部位最容易受寒邪侵袭。

冬至在养生学上是一个很重要的节气，主要是因为“冬至一阳生”。

冬至到小寒、大寒，是最冷的时候，养生重在补肾、养阳益阴。冬季里，自然界中的阳气处于一种封藏的状态，春夏那种地气蒸腾的气氛都消失了，天气变得寒冷、干燥。人要顺应大自然这种封藏之性，早睡晚起，要等到日出再起床。冬令气候趋寒，天地阳气潜(qián)藏，应之人体，冬季亦为人体养精蓄锐的最佳时段。在冬季，人们不仅在起居方面要注重养生，也应重视饮食、药物的冬令进补。

动手动脑

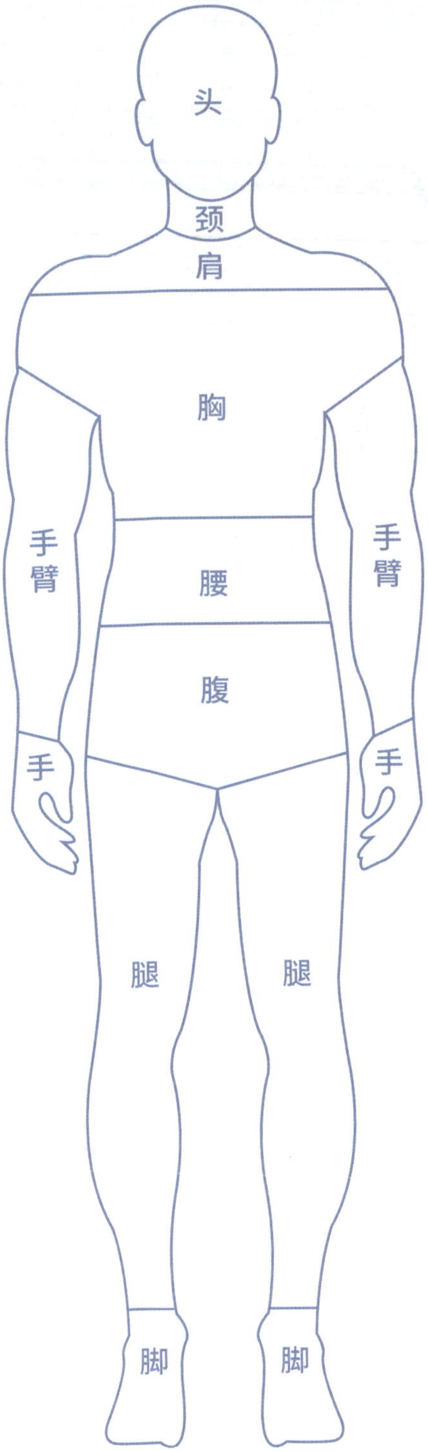

在正确答案前的圆圈中打勾

1.(多选题)冬季是一个适合进补的季节,我们在进补的时候,也要遵循一定的原则,你知道这个原则是什么吗?

○ 有理　　○ 有时
○ 有节　　○ 有道

2.大雪到来,风寒更盛,我们应该注意防寒保暖,你知道人体的哪几个部位最容易受到寒邪的侵袭吗?用不同的颜色给这几个部位涂色。

在正确答案前的圆圈中打勾 ✓

3.俗话说“大寒小寒，冻成一团”，天气寒冷到了极点，人体阴阳消长，代谢也处于相对缓慢的时候，此时，我们养生的重点就是一个字，你知道是哪个吗？

○ 生　○ 长　○ 藏　○ 收

4.冬季有一道十分常见的药膳(shàn)非常适合进补，这道菜里用到了一种药材，你知道是什么吗？

○ 葛根　○ 罗汉果　○ 当归　○ 山楂

我是小神农

仔细观察，勾选出老师在本课中讲的药材。

○ 淡竹叶

○ 荷叶

尝一尝 食疗养生学一学

荷叶茶

荷叶茶可以清热解暑，是夏天解暑的良品。荷叶茶还可以分解脂肪、消脂润肠，具有一定的减肥作用，现在来学学怎么做吧。

制作方法

原料：

干荷叶60克，水500毫升（煮茶用水）。

做法：

1. 先把荷叶放进壶中，倒入适量水搅拌1分钟，然后倒出水。这步主要是洗干净材料。

2. 再倒入煮茶饮用水，大火煮开后焖几分钟即可。

家校共育

学习收获

成果展示

留个纪念吧

家长评语（孩子的表现可以打几星呢?）

☆☆☆☆☆

答案解析 √

1.冬季是一个适合进补的季节，我们在进补的时候，也要遵循一定的原则，你知道这个原则是什么吗？ 有时 √ 有节 √

冬季是一年中最冷的时节，在这个季节里面，很多人都会多吃一些比较滋补的食物来补养身体。冬天进补要遵循“有时、有节”的原则，不能一味地乱补。

有时，指的是进补要有规律，按时按点，循序渐进。很多人在饮食上不能控制自己，遇到好吃的就猛吃一顿，不合口味的就饿一顿，饥一顿饱一顿，饮食没有规律，这样就容易造成胃肠功能紊(wěn)乱，久而久之就会出现胃炎或胃溃疡，这样不但起不到进补的效果，还会给身体带来伤害。

有节，指的是进补要有节制。唐代著名医学家、长寿老人孙思邈曾告诫我们：“不欲极饥而食，食不可过饱；不欲极渴而饮，饮不欲过多。”一次进食过多，会导致胃的负担骤(zhòu)然加重，引起胃痛、呕吐、腹胀、嗳(ǎi)气等症状，严重的可能会导致急性胃炎、肠炎、胰腺炎、胃穿孔等疾病。

2.涂颜色。

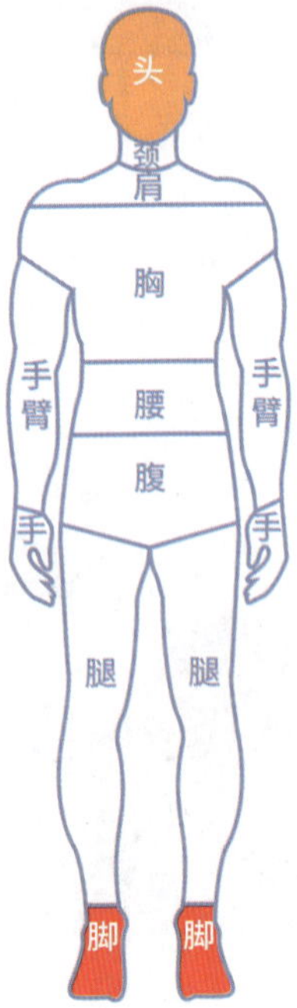

从现代医学角度来看，头部的血管分布较密集，耗氧量大，热量散发也多。有研究发现，静止状态不戴帽子的人，在环境温度为15°C时，从头部散失的热量占人体总热量的30%。从中医角度来看，头为“诸(zhū)阳之会”，也是应该重点做好保暖的部位，尤其是有心脑血管病的人，头部保暖对预防脑卒(cù)中(zhòng)等很有帮助。除头部外，脚部的保暖也至关重要。俗话说“寒从脚下起”，脚部一旦受寒，会引起人体免疫力下降，降低抗病能力。

3.俗话说“大寒小寒，冻成一团”，天气寒冷到了极点，人体阴阳消长，代谢也处于相对缓慢的时候，此时，我们养生的重点就是一个字，你知道是哪个吗？ 藏✓

冬季养生，“宜藏不宜泄”，关键在于注意保温，避免风寒侵身。这并不意味着消极躲避低温，而是要适应冬天的气候而活动，避寒就暖，勿使腠(còu)理过度开泄，以减少体内阳气向外发散，并要使精神内蓄，保持潜藏伏匿(nì)的状态，不要随意宣泄。

4.冬季有一道十分常见的药膳非常适合进补，这道菜里用到了一种药材，你知道是什么吗？ 当归✓

当归羊肉汤，是一道非常适合冬季进补的菜肴(yáo)。

当归羊肉汤也是一道药膳，主要是用羊肉和当归共同烹饪(rèn)而成。羊肉是一种营养价值丰富的食物，含有大量的蛋白质、氨基酸、矿物质，而当归有补气活血的作用，两者共同烹饪而成的食物可以有效地补气活血、益气、温经散寒。

荷叶

荷叶为睡莲科植物莲的干燥叶。6~9月时采收，除去叶柄，晒至七八成干，对折成扇形，晒干。夏季，亦用鲜叶或初生嫩叶(荷钱)。

荷叶多折成半圆形或扇形，展开后类圆盾形，直径20~50厘米，全缘或稍成波状。上表面呈深绿色或黄绿色，较粗糙，下表面呈淡灰棕色，较光滑，有粗脉21~22条，自中心向四周射出，中心有突起的叶柄残基。质脆，易破碎。微有清香气，味微苦。

荷叶性味苦、涩、平，归心、肝、脾、胃经，具有清热解暑、升发清阳、散瘀止血的功效。主治暑湿烦渴、头痛眩晕、脾虚腹胀、大便泄泻等。

正气的保护

提高免疫力

学习目标

了解中医学对于病因的分类和每个类别的具体内容。

知识点摘要

中医认为怎样的情况才叫生病呢？人体各脏腑组织之间，以及人体与外界环境之间，相互作用，维持着相对的动态平衡，从而保持着人体正常的生理活动。当这种动态平衡因某种原因而遭到破坏，又不能立即自行调节得以恢复时，人体就会发生疾病。

古代中医病因学将致病因素分为三种，即外因（如六淫(yín)、疠(lì)气等）、内因（如七情）和不内外因（包括饮食不节、劳逸损伤、外伤、寄生虫等）。

动手动脑

在正确答案前的圆圈中打勾

1.你知道提出著名的“三因学说”的医者是谁吗？

○ 扁鹊　　○ 华佗　　○ 陈无择　　○ 叶天士

2.(多选题)“三因学说”把病因区分为外因、内因、不内外因三大类，你知道下列哪些属于“不内外因”吗？

○ 饮食所伤　　○ 劳倦过度

○ 外伤　　○ 溺水

在正确答案前的圆圈中打勾 ✓

3.“正气存内，邪不可干”告诉我们，预防疾病，首先需要我们怎么做？

○ 提高免疫力　○ 增加体重　○ 提高修养

4.(多选题)《黄帝内经》告诉我们，预防疫病一方面要养护正气，以增强抗病能力，另一方面还应该怎么做？

○ 远离疫毒源　○ 做好自我防护　○ 多聚会

我是小神农

仔细观察，勾选出老师在本课中讲的药材。

○ 芡实

○ 甘草

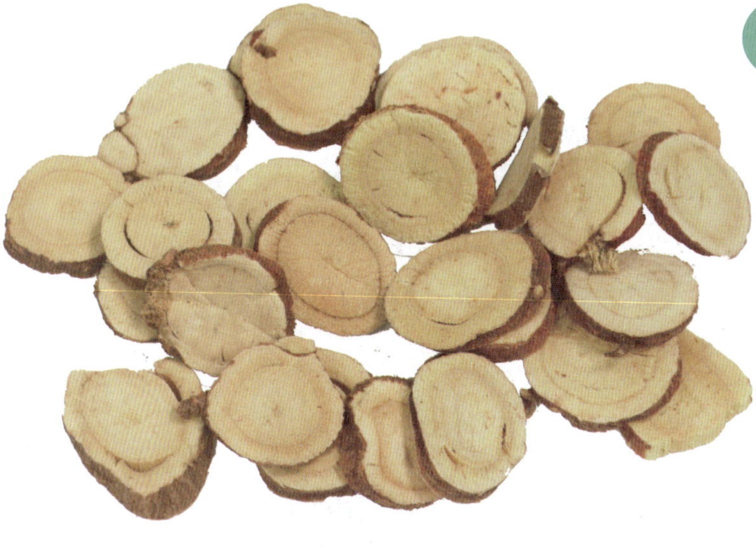

做一做 劳动技能

厨房里的小妙招

芡实南瓜粥

芡实，药食同源，具有益肾固精、补脾止泻、除湿止带之功效。南瓜可以健脾益胃。如遇人体脾胃虚弱、肾气不足的问题，煲一锅芡实南瓜粥很适宜。

制作方法

原料：

芡实100 克，南瓜 250克，大米 80克。

做法：

1.芡实提前用冷水浸泡2个小时。南瓜清洗干净以后去皮，切成小块儿，备用。

2.将大米和芡实用清水冲洗干净后加入锅中，再向锅中加入大半锅的清水熬煮。

3.等到大米粥熬得差不多了，就把南瓜块儿倒入锅中继续熬，熬至南瓜软烂的时候，加入一点食盐调味即可。

答案见XX页

家校共育

学习收获

成果展示

留个纪念吧

家长评语（孩子的表现可以打几星呢？）

☆☆☆☆☆

答案解析 ✓

1.你知道提出著名的“三因学说”的医者是谁吗？陈无择 ✓

陈无择(1131—1189),名言,宋代著名医家,祖籍温州乐清,后迁居青田。他以儒(rú)治医,医儒兼(jiān)通,又精于临证,对中医病因学和辨证论治都有很大的贡献。其著作《三因极一病证方论》继承丰富了《黄帝内经》和《伤寒杂病论》病因学说,首次把病因区分为外因、内因、不内外因三大类,把中医病因学从中医基础理论体系中分化出来,成为一门独立的分支学科,是中医病因学历史上的一座丰碑。

2.“三因学说”把病因区分为外因、内因、不内外因三大类,你知道下列哪些属于“不内外因”吗？ 饮食所伤 ✓ 劳倦过度 ✓ 外伤 ✓ 溺水 ✓

“三因学说”是宋代陈无择关于中医病因分类的学说,是中医病因学理论之一。“三因”是三类病因的合称,即内因、外因、不内外因。

陈无择认为“六淫”为天之常气,先从经络流入,内合于脏腑,为外所因;“七情”乃人之常性,先从脏腑郁发,外形于肢体,为内所因。不从邪气情志所生的,为“不内外因”,如饮食所伤、劳倦过度、外伤、虫兽伤、溺水等皆为不内外因。三因学说根据内因、外因、不内外因的三因分类法,阐(chǎn)述各种致病原因的途径和传变规律。

3.“正气存内,邪不可干”告诉我们,预防疾病,首先需要我们怎么做？ 提高免疫力 ✓

从中医学角度看,无论是预防还是治疗疾病,努力提高人体的免疫能力,通过人体自身的抗病能力抵御邪毒,是预防疾病的关键,而要提高机体的免疫能力,最重要的是养护好人的“正气”。疫毒之所以侵犯人体,主要由于“正气虚”，反之“正气不虚”，疫毒就不容易干犯。即使得病，往往症状也比较轻，预后好，痊愈快。对于机体来说，“正气”的重要体现之一就是在人的抗病能力（免疫力）上。

4.《黄帝内经》告诉我们，预防疫病一方面要养护正气，以增强抗病能力，另一方面还应该怎么做？远离疫毒源✓ 做好自我防护✓

《黄帝内经》告诉我们，面对疫病，要“避其毒气”“虚邪贼风，避之有时”。意思是对待疫病一方面要养护正气，以增强抗病能力，另一方面还要做好隔离，远离疫毒源。所谓“避其毒气”，就是避免去人员密集的公共场所活动，尤其是空气流动性差的地方。外出佩戴口罩，做好自我防护措(cuò)施等。

芡实

芡实为睡莲科植物芡的干燥成熟种仁。本品呈类球形，多为破粒，完整者直径5～8毫米。表面有棕红色内种皮，一端黄白色，约占全体1/3，有凹点状的种脐痕，除去内种皮显白色。质较硬，断面白色，粉性。

芡实气微，味淡，具有益肾固精、补脾止泻、除湿止带之功效，常用于治疗遗(yí)尿、尿频、脾虚久泻等症。

写一写

课程全都学完啦，写一写你的感想吧。

我们是
中医药文化传承人

主编邮箱　shiyituozhan@sina.com
读后感征集　shiyituozhan@sina.com
售后问题或建议请联系　400-923-1068